Gerhard Worm

Flieder, Jasmin…

…und andere Ziergehölze

Gestalten mit blühenden
und duftenden Gehölzen –
rund ums Jahr

Farbfotos: Jürgen Becker, Ursel
Borstell, Marion Nickig, Hans
Reinhard und andere bekannte
Pflanzenfotografen
Zeichnungen: Renate Holzner

GU GRÄFE UND UNZER

Inhaltsübersicht

Zierde rund ums Jahr
Ein Wort zuvor

Ziergehölze sind das Rückgrat jeder gelungenen Gartengestaltung. Sie helfen, den Garten spannungsreich zu untergliedern und lauschige Ecken zu schaffen. Sie gewähren wohltuenden Schatten, schützen aber auch vor neugierigen Blicken und ebenso vor Wind, Staub und Straßenlärm. Außerdem verbergen sie weniger attraktive An- und Ausblicke und bieten vielen Tieren Lebensraum. Ihre leuchtenden Blüten, bunten Früchte, immergrünen Blätter oder prächtigen Herbstfarben und die vielfältigen Wuchsformen liefern dem Auge im Jahreslauf immer wieder neue Blickfänge. Dieser GU Ratgeber stellt die schönsten Ziergehölze vor. Zauberhafte Fotos vermitteln Ihnen deren Farben- und Formenvielfalt. Gehölz-Experte Gerhard Worm zeigt Ihnen am Beispiel typischer Gartensituationen kompetent und praxisnah, wie Sie Ihren Garten optimal gestalten und bepflanzen können. Ausführliche Tabellen erleichtern Ihnen die richtige Auswahl der Arten. Sie erhalten dazu auch sachkundige Auskunft über Pflege und Vermehrung. Übersichtliche Zeichnungen verdeutlichen die wichtigsten Arbeitsschritte.
Viel Freude mit Ihren Ziergehölzen wünschen Ihnen der Autor und die GU Naturbuch-Redaktion.

5 Bunte Vielfalt
Die schönsten Ziergehölze

6 Ziergehölze im Garten
6 Gehölzvielfalt
6 Kleine Gärten
6 Pflegeleicht oder nicht?
8 PRAXIS Botanik
10 Standort
10 Garten und Recht
12 Bildtableau der strahlendsten Blüten
14 Tabelle: Die schönsten laubabwerfenden Ziergehölze I: von Acer bis Jasminum
16 Bildtableau der leuchtendsten Blätter und Früchte
18 Tabelle: Die schönsten laubabwerfenden Ziergehölze II: von Kolkwitzia bis Weigela
19 Tabelle: Die schönsten immergrünen Laub- und Nadelgehölze

21 Perfekt gestaltet
Ideen, Tips und Tricks

22 Den Garten planen
22 Wuchsformen
22 Blätter
22 Farben
24 PRAXIS Grundsätze der Gestaltung
26 Solitärgehölze
26 Gehölzgruppen
28 Terrassen
28 Sitzplätze im Garten
29 Bildtableau: Vielfalt der Sitzplätze
30 Hecken
30 Typen und Variationen
31 Schnitthecke
31 Freiwachsende Hecke
32 Formale Gärten
32 Einfassungs-Gehölze
32 Geometrische Formen
34 Naturgarten
35 Der Heidegarten
35 Naturteich

Farben- und Formenvielfalt der Hortensien.

Früchte der Mahonie.

Clematis-Hybride.

Der Autor
Gerhard Worm studierte Gartenbau an der Fachschule in Berlin-Dahlem. Seit 1983 ist er Garten- und Pflanzenberater auf der Insel Mainau. Als Abteilungsleiter ist er dort verantwortlich für Fachseminare, Naturerziehung, Umweltschutz und biologischen Gartenbau. Er verfaßte bereits den erfolgreichen Titel »Rosen« in derselben Reihe.

Die Fotografen
Jürgen Becker, Ursel Borstell, Marion Nickig und Hans Reinhard arbeiten seit Jahren für renommierte Fachzeitschriften und Buchverlage. Weitere Fotos stammen von anderen bekannten Fotografen (→ Nachweis, Seite 63).

Die Zeichnerin
Renate Holzner arbeitet als freie Illustratorin und Grafikerin für renommierte Verlage und Agenturen. Ihr Repertoire reicht von Strichzeichnungen über fotorealistische Illustrationen bis hin zur Computergrafik.

Wichtig: Damit Ihre Freude an den Ziergehölzen nicht getrübt wird, beachten Sie bitte »Warnung und Hinweis« auf Seite 63.

36 Vorgarten
36 Innenhof
38 Begleitpflanzen
39 Meisterhaft komponiert

41 Richtig pflegen
   Pflanzen, Schneiden
   und Vermehren

42 Ziergehölze kaufen
42 Gehölze vermehren
44 Der Boden
44 Bodenarten
44 Der pH-Wert
45 Nährstoffgehalt
45 Verdichteten Boden
   verbessern
45 Moorboden verbessern
45 Moorbedingungen schaffen
45 Mulchen
46 PRAXIS Gehölze pflanzen
48 In Form gebracht
48 Das richtige Werkzeug
48 Unfallschutz
49 Sonderfall Rose
49 Heckenschnitt

50 PRAXIS Schnitt
52 Widerstandskräfte
   und Nützlinge fördern
52 Naturverträgliche Mittel
53 Tabelle: Pflanzen mit
   Kräutern schützen
54 Schäden erkennen
54 Einfache Bekämpfungs-
   maßnahmen
54 Die fünf häufigsten
   Schädlinge
55 Chemische Spritzmittel
55 Die fünf häufigsten
   Krankheiten
56 1x1 der Gehölzpflege
56 Gießen
56 Düngen
57 Winterschutz

58 Register

62 Literatur, Adressen

63 Warnung und Hinweis

63 Impressum

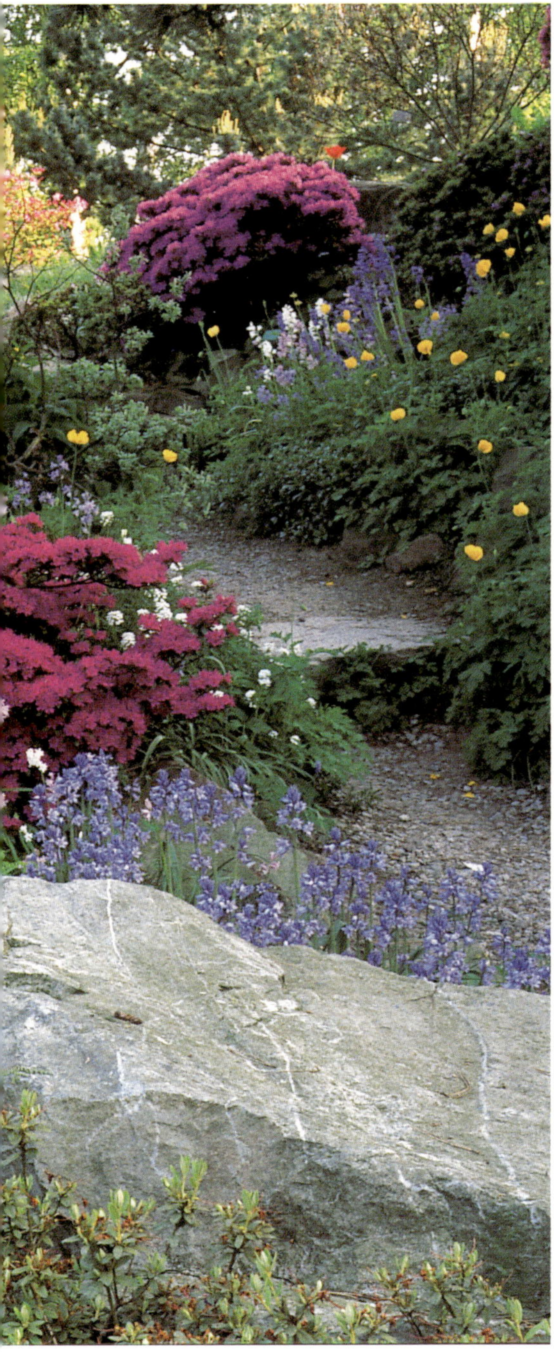

Die schönsten Ziergehölze

Bunte Vielfalt

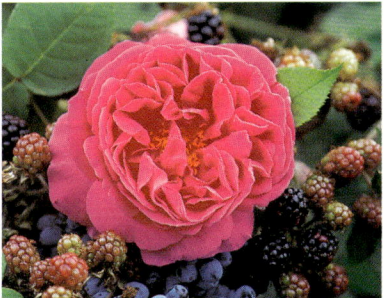

Gehölze geben dem Garten Struktur und zählen deshalb zu seinen unverzichtbaren Bestandteilen. Ihre Blüten, Blätter und Früchte bieten dazu viele Höhepunkte im Jahreslauf. Auf den folgenden Seiten finden Sie Ratschläge für die richtige Gehölzwahl und die vielfältigen Einsatzmöglichkeiten.

Foto oben: Rosen - hier eine Bourbonrose - zählen zu den blühfreudigsten Ziergehölzen. Manche duften auch intensiv.
Foto links: Azaleen und Rhododendren entfalten auf sauren Böden eine üppige Farbenpracht.

Ziergehölze im Garten

Ziergehölze sind verholzende Arten, die uns kaum »Nutzen« in Form von nahrhaften Pflanzenteilen bringen. Dafür erfreuen sie uns durch ihre Erscheinung und erfüllen wichtige Funktionen im Garten:
• Sie sind wegen ihrer Größe und Lebensdauer das tragende Gerüst jeder Gartengestaltung.
• Sie schaffen Räume und gliedern den Garten.
• Sie bringen Farbe, vielfältige Formen und zum Teil auch Duft in Bepflanzungen.
• Sie grenzen ihn nach außen hin ab.
• Sie bilden einen attraktiven Sicht-, Lärm-, Staub- und Windschutz.
• Sie spenden im Sommer wohltuenden Schatten.
• Sie helfen, wenig attraktive Bereiche zu kaschieren.
• Sie bieten Lebensraum und Nahrung für viele Tiere.
• Am Hang halten die Wurzeln den Boden und schützen vor Erosion.

Gehölzvielfalt

Schon mit wenigen Ziergehölzen kann aus einer kahlen, öden Fläche ein gemütliches »grünes Wohnzimmer« werden:
Soltärgehölze (→ Seite 26) sind auffallende Arten, die allein stehend einen attraktiven Blickfang bilden.
Gruppengehölze (→ Seite 26) kommen in Kombination mit anderen gut zur Geltung.
Klettergehölze (→ Seite 8) begrünen Mauern oder Kletterhilfen, bieten Sichtschutz und brauchen wenig Platz.
Bodendecker (→ Seite 8) wachsen niedrig und breit ausgreifend. Sie unterdrücken Unkrautwuchs und sind eine attraktive Unterpflanzung.
Laubabwerfende Gehölze (→ Tabelle Seite 14) verlieren im Herbst oder Winter ihre Blätter und lassen dann mehr Licht in den Garten. Davor zeigen viele noch prächtige Herbstfarben.
Immergrüne Gehölze (→ Tabelle Seite 19) sorgen selbst an grauen Wintertagen noch für Farbe und Sichtschutz. Sie werfen im Herbst ihre Blätter oder Nadeln nicht ab, sondern ersetzen sie vielmehr im gesamten Jahresverlauf je nach Bedarf. Vor allem immergrüne Blätter verdunsten jedoch auch im Winter Wasser und sind trockenheitsempfindlich.
Nadelgehölze (→ Tabelle Seite 19) bilden statt Blätter Nadeln aus. Sie zählen mit Ausnahme der Lärche (*Larix*-Arten) zu den Immergrünen und haben keine auffallenden Blüten. In größeren Gruppen wirken sie oft düster oder langweilig.
Schnittverträgliche Gehölze (→ Seite 30 bis 33) eignen sich für schmale Hecken, Einfassungen, oder setzen als kleines Schnittkunstwerk Akzente.

Kleine Gärten

In kleinen Gärten sollten kleinwüchsige oder sehr langsam wachsende Arten gepflanzt werden, die keine Platzprobleme bekommen und schaffen. Viele von ihnen können dazu auf Terrassen und in Innenhöfen jahrelang in Kübeln gezogen werden.

Pflegeleicht oder nicht?

Wollen Sie Ihren Garten genießen und sich vor allem darin ausruhen, oder macht Ihnen die Gartenarbeit so viel Spaß, daß Sie dieses angenehme, ausgleichende Hobby unbedingt regelmäßig betreiben wollen?
• Wenn Sie einen pflegeleichten Garten wünschen, müssen Sie mehr Immergrüne pflanzen, denn sie wachsen in der Regel langsamer und benötigen weniger Schnitt. Sie werfen kein Laub ab, das zusammengerecht werden muß. Sie sparen zusätzlich Pflegeaufwand, wenn Sie Arten wählen, die mit Ihrem Gartenboden gut zurecht kommen. Bevorzugen Sie winterharte Gehölze, die keinen aufwendigen Winterschutz brauchen. Allgemein sind einheimische oder aus ähnlichen Klimazonen stammende Gehölze wesentlich anspruchsloser und robuster als Exoten. Sie werden von Schädlingen eher verschont und benötigen kaum Dünger. Den Pflegeaufwand senkt auch

Ziergehölze im Garten

Flieder wirkt als Solitärgehölz und in Gruppen attraktiv.

eine Mulchabdeckung (→ Seite 45) zwischen den Gehölzen, die »Unkraut« unterdrückt. Bodendecker wie Immergrün (*Vinca minor*) und Johanniskraut (*Hypericum claycinum*) erfüllen die gleiche Funktion.
• Den pflegeaufwendigeren Garten zieren mehr Laubgehölze. Je nach Wuchsstärke müssen diese durch regelmäßigen Schnitt in Form gebracht und

zu neuer Blüte angeregt werden. Nach einigen Jahren ist oft zusätzlich ein Verjüngungsschnitt angebracht (→ Praxis Schnitt, Seite 50/51). Das Laub muß jeden Herbst zusammengerecht werden. Also: Hier ist Arbeit angesagt!
In Form geschnittene Hecken oder gar ein formaler Garten können sehr viel Mühe machen, letzterer sieht dafür aber auch

besonders schön aus (→ Fotos, Seite 33).
Pflegeintensiver wird der Garten auch, wenn sie exotische Gehölz-Raritäten sammeln wollen.
Mein Tip: Um das ökologisch wertvolle Bodenleben zu erhalten, sollten Sie auf alle Gehölze verzichten, die eine Veränderung der Bodenzusammensetzung verlangen.

Praxis: Botanik

Wie der Name schon sagt, bilden Gehölze Triebe aus, die im Gegensatz zu denen der Stauden verholzen und im Winter nicht absterben. Aus den stabilen Holztrieben können sich selbst mächtige Baumkronen entwickeln.

Wuchsformen
Zeichnung 1

Zu den Gehölzen gehören Bäume, Sträucher, Halbsträucher sowie viele Kletterpflanzen und Bodendecker. Bäume bilden einen Stamm aus, der sich im Gegensatz zum Strauch erst im oberen Bereich verzweigt. Die Äste und Zweige formen eine für die Art charakteristische Krone. Sie kann rund, oval oder herzförmig sein (→ Zeichnung 1a), pyramidenförmig (→ Zeichnung 1b) oder säulenartig (→ Zeichnung 1c). Bei Sträuchern (→ Zeichnung 1d) wie den Rosen (*Rosa*-Arten)

verzweigen sich die Äste bereits knapp über dem Boden. Sträucher bleiben viel niedriger als Bäume. Bei Halbsträuchern wie dem Salbei (*Salvia officinalis*) verholzen nur die unteren Teile der Pflanze, die Triebspitzen sterben im Winter ab. Bodendecker (→ Zeichnung 1e) wie die Zwergmispel (*Cotoneaster*-Arten) oder das Immergrün (*Vinca minor*) können mit zahlreichen kriechenden oder niedrigen, aufrecht stehenden Ausläufern größere Flächen bewachsen. Sie

schützen den Boden vor dem Austrocknen und unterdrücken »Unkraut«. Klettergehölze (→ Zeichnung 1f) verholzen zwar, brauchen aber eine Stütze, um aufrecht wachsen zu können. Die einzelnen Arten bedienen sich unterschiedlicher Klettermethoden:
• Spreizklimmer wie die Kletterrosen (*Rosa*-Arten) halten sich mit ihren Stacheln an Kletterhilfen fest. Durch Anbinden wird ihnen das Klettern erleichtert.
• Schlinger oder Winder wie Glyzine (*Wisteria*-Arten, Linkswinder, die Triebe drehen sich gegen den Uhrzeigersinn) oder Geißblatt (*Lonicera*-Arten, Rechtswinder) wachsen

lianenhaft mit ihrem ganzen Sproß um eine Kletterhilfe.
• Ranker wie die Clematis (*Clematis*-Arten) formen aus Blattstielen, Sprossen oder Fiederblättern Ranken, die die Stützen wie Greifarme umwickeln.
• Wurzelkletterer wie Efeu (*Hedera helix*) und Kletterhortensie (*Hydrangea anomala* ssp. *petiolaris*) bilden am oberirdischen Sproß sogenannte Haftwurzeln und können mit ihnen ohne Kletterhilfe an Mauern emporklimmen.
• Haftscheiben bildet der Selbstklimmende Wein (*Parthenocissus tricuspidata*). Auch er kommt ohne Kletterhilfe aus.

1 Die Wuchsformen: Bäume (a-c) verzweigen sich erst in einer gewissen Höhe, Sträucher (d) schon knapp über dem Boden. Bodendecker (e) wachsen horizontal, Klettergehölze (f) vertikal an einer Stütze.

2a Zweihäusige Pflanze:
Beispiel Stechpalme.

2b Einhäusige Pflanze:
Beispiel Haselnuß.

2c Zwittrige Pflanze:
Beispiel Zimtrose.

Blüten und Früchte
Zeichnungen 2 a – c

Blüten dienen der Vermehrung und Erhaltung der Art. Damit sich Samen bilden können, muß die Blüte befruchtet werden, indem Blütenstaub aus den Staubblättern auf die Narbe übertragen wird. Die Bestäubung übernehmen meist Insekten. Um sie anzulocken, sind diese Blüten recht auffällig gestaltet, duften oder bieten Nektar an. Nadelgehöze oder die Haselnuß (*Corylus avellana*) werden dagegen durch den Wind bestäubt. Sie bilden dafür zahlreiche, aber unscheinbare Blüten aus.
<u>Zwittrige Blüten.</u> Die Mehrzahl der Ziergehölze wie die Zimtrose (*Rosa majalis*, → Zeichnung 2c) haben zwittrige, also zweigeschlechtige Blüten mit männlichen (Staubblätter) und weiblichen Geschlechtsorganen (Narbe mit Fruchtknoten). Nach der Befruchtung bilden sich bei dieser Art rote Hagebutten. Viele neue, dicht gefüllt blühende Züchtungen sind jedoch unfruchtbar.
<u>Eingeschlechtige Blüten.</u> Ihnen fehlen entweder die Staubgefäße oder der Fruchtknoten.
• Bei einhäusigen Pflanzen befinden sich männliche und weibliche Blüten auf einem Individuum. Zu diesen gehört die Haselnuß (*Corylus avellana*, → Zeichnung 2b).

• Bei zweihäusigen Pflanzen sind männliche und weibliche Blüten auf zwei verschiedenen Individuen zu finden. Zu ihnen zählen die Stechpalme (*Ilex aquifolium*, → Zeichnung 2a) oder der Sanddorn (*Hippophae rhamnoides*). Sollen Früchte gebildet werden, müssen Sie also ein weibliches und ein männliches Exemplar pflanzen.

Veredlung und Wildtriebe
Zeichnung 3

Viele Ziergehölze werden als Edelsorten angeboten. Das heißt, daß diese Sorte auf eine nahe verwandte Art gepfropft wurde. Der im Boden wurzelnde Partner wird auch als Unterlage bezeichnet, die Edelsorte bildet den oberirdischen Teil. Wo beide Partner zusammenwachsen, entsteht ein deutlich sichtbarer Knubbel. Veredeln bietet Vorteile:
• Viele Arten lassen sich nur so vermehren.
• Wuchs und Krankheitsanfälligkeit können günstig beeinflußt werden.
Edelsorten brauchen aber besondere Pflege:
• Wie bei den Rosen bilden sich unterhalb der Veredlungsstelle gerne Wildtriebe. Sie wachsen stark, rauben der Pflanze Kraft und müssen deshalb abgeschnitten werden.
• Die Veredlungsstelle benötigt oft Winterschutz (→ Seite 57).

3 Veredlung und Wildtriebbildung bei Edelrosen.

Standort

Ziergehölze haben unterschiedliche Ansprüche und Eigenschaften, über die Sie sich schon vor dem Kauf informieren sollten:

Boden. Ideal ist ein humusreicher, durchlässiger Boden (→ Seite 44). Entspricht Ihr Gartenboden nicht diesem Vorbild, können Sie ihn verbessern (→ Seite 45). Nicht nötig wird diese oft aufwendige Maßnahme, wenn Sie sehr robuste Gehölze auswählen wie Goldregen (*Laburnum*-Arten) oder Erbsenstrauch (*Caragana arborescens*), die mit jedem Boden zurechtkommen.

• Kalkgehalt. Einige Gehölze wie die Rhododendren vertragen gar keinen Kalk im Boden, andere lieben ihn wie die Eibe (*Taxus*-Arten, → Tabelle Seite 19 und Text Seite 29 und 31). Der Kalkgehalt Ihrer Gartenerde läßt sich ebenfalls verändern (→ Seite 45).

• Trockenheit. Wenige Gehölze gedeihen noch an sehr trockenen Standorten, zu ihnen gehören Schmetterlingsstrauch (*Buddleja*-Arten) und Bartblume (*Caryopteris* x *clandonensis*). Nicht besonders geeignet für solche Plätze sind Immergrüne, denn sie brauchen selbst im Winter Wasser. Natürlich können Sie an diesen Standorten feuchtigkeitsbedürftigere Arten setzen, Sie werden dann aber viel gießen müssen.

Licht. Ziergehölze gedeihen in voller Sonne am besten. Einige wachsen noch im Halbschatten, wie die Hortensie (*Hydrangea*-Arten und -Hybriden), die Kornelkirsche (*Cornus mas*), und wenige sogar im Schatten wie der Buchs (*Buxus sempervirens*).

Temperatur. Ziergehölze bevorzugen meist einen warmen, windgeschützten Platz. Sehr wärmebedürftige Arten am besten vor eine schützende Mauer pflanzen. Liegt Ihr Garten in einer Mulde, in der sich Kaltluft sammelt, pflanzen Sie nur besonders robuste Sträucher.

Frosthärte. Bevorzugen Sie Ziergehölze aus heimischen Baumschulen, die sich in Ihrer Region als gut frosthart erwiesen haben. Empfindlichere Gehölze brauchen einen Winterschutz (→ Seite 57).

Rauchhärte. Vor allem in der Stadt können Abgase und Stäube den Gehölzen sehr zusetzen. Sommergrüne Arten haben es hier etwas leichter als immergrüne, da sie jedes Jahr das Laub abwerfen und sich dadurch auch entgiften. Folgende Arten vertragen Luftverschmutzung relativ gut, der Fachmann bezeichnet sie als rauchhart: Von den Nadelgehölzen Scheinzypresse (*Chamaecyparis*-Arten), Wacholder (*Juniperus*-Arten), Eibe (*Taxus*-Arten) und Lebensbaum (*Thuja*-Arten). Von den Laubgehölzen Felsenbirne (*Amelanchier*-Arten),

Berberitze (*Berberis*-Arten), Zierquitte (*Choenomeles*-Hybriden), Hartriegel (*Cornus*-Arten), Flieder (*Syringa*-Hybriden) und Weigelie (*Weigela*-Hybriden).

Salzverträglichkeit. Wenn Sie Gehölze in die Nähe von im Winter gesalzenen Straßen setzen wollen, sollten Sie salzverträgliche Arten wählen wie Liguster (*Ligustrum vulgare*) oder Schwarzer Holunder (*Sambucus nigra*).

Mein Tip: Wählen Sie Gehölze aus, die mit den in Ihrem Garten herrschenden Standortbedingungen gut zurecht kommen. Das hält den Pflegeaufwand gering.

Garten und Recht

Zahlreiche Gesetze und Verordnungen und oft auch der Bebauungsplan enthalten Vorschriften, die der Gartenbesitzer bei der Pflanzung von Gehölzen berücksichtigen sollte. Auskunft erhalten Sie bei Ihrer Gemeinde, die oft auch eine kostenlose Broschüre rund um den Garten bereithält.

Mindestgrenzabstand. In den einzelnen Bundesländern gelten unterschiedliche Bestimmungen darüber, wie weit Bäume, Sträucher und Hecken von den Nachbargrenzen entfernt zu pflanzen sind. In Bayern beispielsweise müssen bis zu 2 m hohe Gehölze im Abstand von

mindestens 50 cm von der Grenze gesetzt werden, bei höheren Gehölzen beträgt er 2 m. Maßgebend ist dabei die Stelle, an der der Stamm oder Trieb in Grenznähe aus dem Boden tritt. Der Mindestabstand gilt nicht:
• Für Gehölze hinter einer Mauer oder einer sonstigen dichten Einfriedung, die diese nicht überragen.
• Wenn Sie im Einverständnis mit dem Nachbarn näher gepflanzt haben. Halten Sie dies aber besser schriftlich fest. Der Nachbar könnte sonst im Streitfalle die Herstellung eines vorschriftsmäßigen Abstands ver-

langen, sei es durch Entfernen, Verpflanzen oder Rückschnitt. Steht ein Gehölz aber schon 5 Jahre lang unbeanstandet zu nahe an der Grenze, so hat der Nachbar den Anspruch auf eine Beseitigung verloren.
Mein Tip: Beugen Sie Ärger vor, indem Sie alle Gehölzpflanzungen mit Ihren Nachbarn besprechen. Wählen Sie die Arten mit Bedacht: Auch ein im richtigen Abstand gepflanzter, aber hochwachsender Baum kann Ihrem Nachbarn später einmal das Licht im Wohnzimmer rauben und im Nachhinein Streit auslösen.

Fallaub. Darüber entsteht oft Streit, aber der Nachbar muß es hinnehmen, wenn es seine Gartennutzung nur unwesentlich beeinträchtigt, ortsüblich und mit zumutbaren Maßnahmen nicht zu verhindern ist.
Zweige und Wurzeln. Wachsen sie in Nachbars Garten (Überhang) so kann dieser innerhalb einer Frist deren Beseitigung verlangen, wenn seine Gartennutzung dadurch beeinträchtigt ist. Verstreicht die Frist ungenutzt, darf der Geschädigte Zweige und Wurzeln selbst fachgerecht – also während der Ruhezeit – abschneiden.
Früchte. Fruchttragende Äste, die zum Nachbarn hinüberhängen, lösen häufig Streit darüber aus, wer sie abernten darf. Dies kann je nach Land unterschiedliche geregelt sein. Ziergehölze bilden aber meist nur ungenießbare Früchte, die ganz andere Probleme schaffen können: Landen die Früchte auf dem öffentlichen Gehsteig, ist der Gartenbesitzer haftbar, wenn ein Passant darauf ausrutscht.
Zäune und Mauern. Auch deren Bau sollten Sie immer mit den Nachbarn absprechen. Bei Grenzbauten sind beide Nachbarn unterhaltspflichtig.
Baumschutzverordnung. In vielen Gemeinden dürfen ältere Bäume ab 80 cm Umfang nur mit Genehmigung gefällt werden, sonst werden Bußgelder fällig. Die Regelungen können regional verschieden sein!

Schön, aber oft Streitobjekt: Überhängende Zweige.

Groß ist die Vielfalt der schön blühenden Ziergehölze. Sie werden die Qual der Wahl haben, wenn Sie die für Ihren Garten am besten geeigneten Arten und Sorten aussuchen.

Bevorzugen Sie Gehölze, die mit Ihrem Gartenboden und -klima gut zurechtkommen werden. Wichtig ist auch der Blühtermin, der je nach Art vom zeitigen Frühjahr (Winterjasmin, Jasminum nudiflorium) bis zum Herbst (Bartblume, Caryopteris x clandonensis) variiert. Durch geschickte Pflanzung können Sie es möglich machen, daß es in Ihrem Garten kaum Blühpausen gibt.

Wählen Sie die Blütenfarben aus, die Ihnen am besten gefallen. Besonders leuchtend wirken Ziergehölze, die nahe zusammengesetzt werden und zur gleichen Zeit in Komplementärfarben wie Violett (Schmetterlingsstrauch, Buddleja alternifolia) und Orange (Ranunkelstrauch, Kerria japonica) blühen. Edel und zurückhaltend erscheint dagegen eine Bepflanzung in nur einem Farbton wie Weiß (Prachtspiere, Spiraea x vanhouttei) oder Rot (Berglorbeer, Kalmia angustifolia).

Duftender Schmetterlingsstrauch.

Leuchtender Winterjasmin.

Aparte Sternmagnolie.

Graziler Buschklee.

Immergrüne Lorbeerrose.

Viele Ziergehölze haben duftende Blüten. Den Reigen eröffnet im zeitigen Frühjahr die Zaubernuß (Hamamelis mollis) mit ihrem zarten Geruch. Ihr folgen viele betörend duftende Arten wie die Sternmagnolie (Magnolia stellata) und die Rosen (Rosa-Arten).
Viele Blüten locken auch Bienen und Schmetterlinge an wie der Schmetterlingsstrauch (Buddleja davidii). Wenn Sie solche Sträucher in die Nähe eines Sitzplatzes pflanzen, können Sie den Duft genießen und Tiere beobachten.

Edel in Farbe und Form: Die Blüten des Geißblattes.

Fast unüberschaubar ist die Blütenvielfalt der verschiedenen Ziergehölze.

Formenreiche Waldrebe.　　*Eigenwillige Hortensie.*

Die schönsten laubabwerfenden Ziergehölze I: von Acer bis Jasminum

Name	Blüten-farbe(n)	Blütezeit	Höhe, m Wuchs	Standort	Bemerkungen
Acer japonicum 'Aureum' Goldahorn	rosarot mit gelb	IV–V	1,5 – 2,5 buschig	◐	gelbgrün im Sommer; goldgelb im Herbst
Acer palmatum 'Atropurpureum' Roter Fächerahorn	purpur	V–VI	2 – 4 buschig	○ – ◐	reicher Fruchtansatz; karminrote Herbstfarbe
Acer palmatum 'Dissectum' Schlitzahorn	purpur	V–VI	1 – 3 buschig	○ – ◐	schwarzrote, geschlitzte Blätter; wird sehr breit
Amelanchier laevis Felsenbirne	weiß	IV–V	2 – 4 buschig	○ – ◐	rote, eßbare Früchte; kalkverträglich
Aralia elata Aralie	cremeweiß	VIII–IX	1 buschig	○ – ◐	exotisch; hat Stacheln; Winterschutz ratsam
Aristolochia macrophylla Pfeifenwinde	gelbgrün mit purpur	VI–VIII	6 – 10 kletternd	○ – ●	braucht Kletterhilfe und Windschutz; rauchhart
Berberis thunbergii 'Atro-purpurea Nana'; Berberitze	cremeweiß bis gelb	V	0,3 – 0,6 kugelig	○ – ◐	Blüten riechen intensiv; Triebe bedornt; Beeren
Buddleja-Davidii-Hybriden Schmetterlingsstrauch	weiß, rosa, rot, lila	VII–X	2 – 3 buschig	○	duftend; nach Blüte um ein Drittel kürzen
Callicarpa bodinieri 'Profusion' Schönfrucht	lilarosa	VII–VIII	1 buschig	○	Austrieb dunkelbraun; violette Beeren
Calycanthus floridus Gewürzstrauch	braun- bis dunkelrot	VI–VII	2 – 3 buschig	○	Blüten, Blätter und Rinde duften stark
Caryopteris x *clandonensis* Bartblume	himmel- bis dunkelblau	VIII–IX	1 buschig	○	braucht Winterschutz; Frühjahrs-Rückschnitt
Ceanothus-Hybriden Säckelblume	hell- bis dunkelblau	VII–X	1 buschig	○	braucht Winterschutz; Frühjahrs-Rückschnitt
Cercis siliquastrum Judasbaum	purpurrosa bis violett	IV–V	3 – 5 Baum	○	geschützter Standort; bildet rote Hülsenfrüchte
Chimonanthus praecox Winterblüte	gelb mit braunrot	XII–III	2 – 3 buschig	○	für Weinbauklima; auch für Spalier; stark duftend
Chionanthus virginicus Schneeflockenstrauch	weiß	VI	3 – 5 buschig	○	schwach saure Böden; hellgelbe Herbstfarbe
Choenomeles japonica Zierquitte	orange- bis ziegelrot	II–IV	0,8 – 1,5 buschig	○	ziemlich anspruchslos; eßbare Quittenfrüchte
Clematis-Arten/-Hybriden Waldrebe	weiß, gelb, rosarot, lila	V–IX	2 – 6 kletternd	○ – ◐	viele Arten und Sorten; einige brauchen Schnitt
Cornus alba 'Elegantissima' Weißer Hartriegel	gelblich-weiß	V–VI	2 – 3 buschig	○ – ◐	weißbunte Blätter; im Herbst karminrot
Cornus canadensis Teppichhartriegel	weißrosa	VI–VII	0,1 – 0,2 kriechend	○ – ◐	saurer Boden; rote Beeren; Bodendecker
Cornus florida Blumenhartriegel	weiß bis rosarot	V–VI	4 – 6 buschig	○	kalkempfindlich; rote Herbstfarbe
Cornus kousa Japanischer Blumenhartriegel	weiß mit rosa	V–VI	5 – 7 buschig	○ – ◐	kalkempfindlich; rosarote Früchte
Cornus mas Kornelkirsche	grünlich-gelb	III–IV	4 – 5 buschig	○ – ●	eßbare rote Früchte; schnittverträglich
Corylopsis pauciflora Scheinhasel	zartgelb	III–IV	1 – 2 buschig	○ – ◐	Schutz vor Spätfrost; verträgt keinen Schnitt

Die schönsten Ziergehölze I: von Acer bis Jasminum

Name	Blüte	Blütezeit	Höhe, m Wuchs	Standort	Bemerkungen
Corylus avellana 'Contorta' Korkenzieherhasel	grüngelb	II–III	2 – 2,5 buschig	○ – ◑	auffallender Wuchs; schön im Einzelstand
Corylus maxima 'Purpurea' Bluthasel	rötlich-grün	II–III	3 – 4 buschig	○ – ◑	schwarzrotes Laub; rotbraune, eßbare Nüsse
Cotinus coggygria 'Royal ☠ Purple', Perückenstrauch	grünlich-rot	VI–VII	2 – 3 buschig	○ – ◑	schwarzrotes Laub; rot-silbrige Fruchtstände
Crataegus laevigata 'Paul's Scarlet'; Rotdorn	rot	V–VI	3 – 5 Baum	○	rote Früchte; besonders schön im Einzelstand
Cytisus x *praecox* Elfenbeinginster	weiß, gelb, rosa, rot	IV–V	1 – 1,5 buschig	◑ – ●	duftend; Wuchs überhängend; Rückschnitt
Deutzia gracilis Maiblumenstrauch	weiß	V–VI	0,5 – 1 buschig	○ – ◑	anspruchslos; überreich blühend; Rückschnitt
Elsholtzia stauntonii Kamm-Minze	purpur bis karminrosa	IX–X	1 buschig	○	Halbstrauch; geschützte Lage und Winterschutz
Erica carnea Schneeheide	pink, rot, violett	XII-II	0,3 polsterig	○	kalkverträglich; rauchhart; braucht Rückschnitt
Euonymus planipes ☠ Großfrücht. Pfaffenhütchen	gelbgrün	V–VI	3 – 5 buschig	○ – ●	rot-orange Früchte; karminrote Herbstfarbe
Exochorda racemosa Prunkspiere	leuchtend weiß	V	3 – 4 buschig	○	anspruchslos; überreich blühend und duftend
Forsythia x *intermedia* Forsythie	hell- bis goldgelb	IV–V	2 – 4 buschig	○ – ◑	anspruchslos; braucht regelmäßigen Schnitt
Fothergilla gardenii Berg-Federbuschstrauch	gelblich-weiß	IV–V	0,5 – 1 buschig	○ – ◑	anspruchslos; im Alter breit ausladend
Gaultheria procumbens Scheinbeere	weiß bis hellrosa	VI–VIII	0,3 kriechend	○ – ◑	scharlachrote Beeren; guter Bodendecker
Hamamelis japonica Japanische Zaubernuß	gelb	II–IV	2 – 3 buschig	○ – ●	trichterförmige Krone; orangerote Herbstfarbe
Hamamelis mollis Chinesische Zaubernuß	goldgelb mit rot	I–III	2 – 5 buschig	○ – ◑	anspruchslos; duftend; goldgelbe Herbstfärbung
Hibiscus syriacus Eibisch	weiß, rosa rot, lila	VII–IX	1 – 2 buschig	○	viele Sorten; braucht geschützten Standort
Hydrangea anomala ssp. *petiolaris*; Kletterhortensie	weiß	VI–VII	5 – 7 kletternd	◑ – ●	Kletterhilfe nicht nötig; duftend; Herbstfarbe gelb
Hydrangea arborescens Strauchhortensie	cremeweiß	VII–IX	2 – 3 buschig	○ – ◑	viele Sorten; reichblühend; gelbe Herbstfarbe
Hydrangea aspera ssp. *sargentiana*; Samthortensie	violett mit weiß	VII–VIII	2 buschig	○	kein Kalk; Blätter samtig; langsam ausbreitend
Hydrangea-Hybriden Gartenhortensien	weiß, rosa purpur, blau	VII–IX	1 – 2 buschig	○ - ◑	schwach saurer Boden; regelmäßig schneiden
Hydrangea paniculata Rispenhortensie	cremeweiß bis rosa	VII–VIII	2 – 3 buschig	◑ – ●	viele Sorten; kein Kalk; gut schnittverträglich
Hypericum x *moserianum* Johanniskraut	goldgelb	VI–X	0,3 – 0,5 buschig	○ – ◑	anspruchslos; Füllstrauch und Bodendecker
Jasminum nudiflorum Winterjasmin	gelb	XII–III	1 – 3 buschig	○ – ◑	kalkliebend; überhängend; für Spalier geeignet

○ = Sonne   ◑ = Halbschatten   ● = Schatten   ☠ = giftig

Bunte Vielfalt

Während die einen Ziergehölz-Arten noch ihre bezaubernden Blüten entfalten, bilden die anderen schon die ersten Beeren aus. Die bunte Pracht der Früchte steigert sich in den Herbst hinein, bei einigen Arten wie der Kriechmispel (Cotoneaster dammeri) schmücken sie sogar noch im Winter die Zweige. Einige Früchte sind aber giftig. Wenn Sie Kleinkinder oder Haustiere haben, sollten Sie lieber auf diese Arten verzichten und auf ungiftige ausweichen.

Für eine üppige herbstliche Farbenpracht sorgen auch die Blätter vieler Ziergehölze wie die des Ahorns (Acer palmatum) und des Hartriegels (Cornus-Arten). Sie entfalten ein Feuerwerk in leuchtenden Gelb- und Rottönen bis hin zu Weinrot. Geschickt zu kleinen Gruppen arrangiert, sehen sie umwerfend aus. Einige zeigen dazu sogar im Frühjahr einen bunten Austrieb wie das Schattenglöckchen (Pieris japonica) oder der Goldahorn (Acer japonicum 'Aureum').

Bereifte Ebereschen-Blätter

Schmackhafte Felsenbirne.

Extravagante Hagebutten.

Leuchtende Zieräpfel.

Zarte Berberitzen-Beeren.

Auffallend, aber giftig: Früchte des Spindelstrauchs.

Manche Früchte der Ziergehölze sind sogar vitaminreich und roh eßbar, wie diejenigen der Felsenbirne (Amelanchier laevis). Andere werden gekocht verzehrt, wie die Hagebutten (Rosa-Arten) oder die Apfelfrüchte der Eberesche (Sorbus aucuparia). Viele sind zwar für den Menschen ungenießbar bis giftig, dienen aber den Vögeln als Nahrung, wie die Zieräpfel (Malus-Arten) oder die Beeren der Mahonie (Mahonia aquifolium). Dazu bieten Bäume und Sträucher auch Nistmöglichkeiten.

Eine Farbenpracht, die oft lange anhält: Blätter und Früchte der Ziergehölze

Bereifte Mahonien-Früchte

Exotischer Blumenhartriegel.

Die schönsten laubabwerfenden Ziergehölze II: von Kolkwitzia bis Weigela

Name	Blüte	Blütezeit	Höhe, m Wuchs	Standort	Bemerkungen
Kolkwitzia amabilis Kolkwitzie	hellrosa	V–VI	2 – 3 buschig	○ – ◐	kalkvertragend; überreich blühend
Lespedeza thunbergii Buschklee	pink bis violettrot	VIII–IX	1 – 2 buschig	○	braucht geschützte Lage; wächst überhängend
Lonicera-Arten ☠ Geißblatt	weiß, gelb orange, rot	V–VIII	3 – 6 buschig	○ – ●	auch kletternde Arten; rote/schwarze Beeren
Magnolia x *soulangiana* Tulpenmagnolie	weißrosa	IV–V	4 – 5 Baum	○	geschützter Standort; kein Kalk; viele Hybriden
Magnolia stellata Sternmagnolie	weiß	III–IV	2 – 3 buschig	○ – ◐	geschützter Standort; kein Kalk; kein Schnitt
Malus floribunda Zierapfel	weiß, rosa, rot, lila	V	3 – 5 Baum	○ – ◐	viele Sorten; kaltvertr.; am besten Einzelstand
Paeonia suffruticosa Strauchpfingstrose	weiß, gelb, rosa, rot, lila	V–VI	0,8 – 1 buschig	○ – ◐	geschützter Standort; viele Sorten/Hybriden
Perovskia atriplicifolia Silberstrauch	violett- blau	VIII–IX	1 buschig	○	geschützter Standort; regelmäßig schneiden
Prunus cerasifera 'Nigra' Blutpflaume	rosa- rot	IV–V	4 – 6 Baum	○	anspruchslos; rauchhart; Blätter schwarzrot
Prunus triloba Mandelbäumchen	rosa	III–IV	1 – 2 buschig	○	kalkvertragend; am besten Einzelstand
Ribes sanguineum Blutjohannisbeere	dunkel- rot	IV–V	1,5 – 2 buschig	○ – ◐	anspruchslos; duftend; eßbare, schwarze Beeren
Rosa-Arten/-Sorten Rosen	weiß, gelb, rosa, rot, lila	V–X	0,2 – 4 buschig	○	einmal-/öfterblühend; duftend; auch kletternd
Spiraea x *arguta* Brautspiere	weiß	IV–V	1,5 – 2,5 buschig	○ – ◐	anspruchslos; duftend; Triebe überhängend
Syringa x persica Gartenflieder	purpur- lila	IV–V	1 – 2 buschig	○ – ◐	anspruchslos; zierlicher, überhängender Wuchs
Syringa reflexa Bogenflieder	dunkelrosa bis -rot	VI–VII	2 – 4 buschig	○ – ◐	intensiv duftend; überhängender Wuchs;
Syringa-Vulgaris-Hybriden Edelflieder	weiß, gelb rosa, rot, lila	V–VI	4 – 6 buschig	○ – ◐	viele Sorten; oft duftend; Einzelstand oder Gruppe
Tamarix ramosissima Sommertamariske	rosa	VII–IX	3 – 4 buschig	○	verträgt Trockenheit; am besten Einzelstand
Viburnum x *burkwoodii* Osterschneeball	rosa bis weiß	III–IV	2 – 3 buschig	○ – ◐	stark duftend; in milden Jahren wintergrün
Viburnum carlesii Koreanischer Schneeball	rosa bis weiß	IV–V	1 – 1,5 buschig	○ – ◐	betörend duftend; am besten Einzelstand
Viburnum farreri Duftschneeball	weiß bis rosa	XI–III	2 – 3 buschig	○ – ◐	betörend duftend; straff-aufrecht wachsend
Viburnum opulus 'Compactum' Gemeiner Schneeball ☠	cremeweiß	V–VI	1 buschig	○ – ◐	kleinbleibend; auch für Stein- und Troggärten
Weigela florida 'Purpurea' Zwerg-Weigelie	dunkelrosa	V–VI	1 buschig	○ – ◐	braunrote Blätter; auch für Einzelstand
Weigela-Hybriden Weigelie	weiß, rosa, rot	V–VII	2 – 3 buschig	○ – ◐	anspruchslos; viele Sorten; öfter auslichten

Die schönsten immergrünen Laub- und Nadelgehölze

Name	Laub-/ Nadelfarbe	Wuchs	Höhe in m	Standort	Bemerkungen
Abies koreana Koreatanne	dunkel- bis blaugrün	kegelig	4 – 5	◯ – ◑	langsam wachsend; violette Zapfen
Buxus sempervirens ☠ Buchsbaum	dunkel- bis blaugrün	kegelig bis eiförmig	0,8 – 2	◯ – ●	langsam wachsend; schnittverträglich
Buxus sempervirens 'Marginata'; Buchs	grün, gelber Saum	kegelig	2	◯ – ◑	interessante zweifarbige Form
Cedrus deodara 'Golden Horizon' Zwerg-Himalajazeder	gelb bis grüngelb	breit und flach	0,7	◯	kein Kalk; rote Zapfen; am besten Einzelstand
Chamaecyparis pisifera Fadenscheinzypresse	gelb-, grau-, blaugrün	kegelig bis kugelig	1 – 5	◯ – ◑	viele Sorten; kleine, braune, kugelige Zapfen
Cotoneaster dammeri Kriechmispel	dunkelgrün glänzend	kriechend	0,2 – 1	◯ – ◑	Blüte weiß; Beeren rot; guter Bodendecker
Euonymus fortunei Kriechspindel	hell- bis dunkelgrün	kriechend	0,2 – 0,6	◯ – ●	viele Sorten; auch zweifarbig; guter Bodendecker
Hedera helix ☠ Efeu	dunkelgrün, gelbbunt	kletternd; buschig	5 – 10	◑ – ●	Kletterhilfe nicht nötig; schwarze, giftige Beeren
Ilex aquifolium ☠ Stechpalme	dunkelgrün, gelbbunt	breit-kegelig	4 – 5	◑ – ●	viele Sorten; rote, giftige Beeren; zweihäusig
Juniperus communis Wacholder	grau- bis blaugrün	kegelig bis säulig	1 – 3	◯ – ◑	viele Sorten; aromatische, eßbare, schwarze Beeren
Kalmia latifolia ☠ Berglorbeer	dunkelgrün, Austrieb rot	breit-aufrecht	1	◑	kein Kalk; rosa Blüten; auch zweifarbige Sorten
Mahonia aquifolium ☠ Mahonie	dunkelgrün, gezähnt	aufrecht; bogig	0,8 – 1,5	◯ – ◑	Blüte gelb, duftend; blauschwarze Beeren
Mahonia bealei ☠ Schmuckmahonie	dunkelgrün, gezähnt	aufrecht; sparrig	1,5–2	◑	geschützter Stand; Blüte hellgelb, duftend
Picea breweriana Mähnenfichte	blau- bis dunkelgrün	breit-kegelig	5 – 7	◯ – ◑	kein Kalk; anspruchslos violettbraune Zapfen
Pieris japonica ☠ Schattenglöckchen	matt- bis dunkelgrün	locker; hängend	2 – 3	◑	saurer, feuchter Boden; weiße/rosa Blüten
Pinus mugo Bergkiefer	blau- bis dunkelgrün	breit-buschig	0,5 – 5	◯	sehr viele Sorten; auch Kalk; braune Zapfen
Rhododendron-Hybriden ☠ Rhododendron	dunkel- bis silbergrün	breit-buschig	0,5 – 1	◑	saurer Boden; windgeschützte Lage; Gruppen
Skimmia japonica Fruchtskimmie	kräftig- bis; gelbgrün	breit-kugelig	0,5 – 1	◑	braunrote Blüte; rote Früchte; auch Kalk
Taxus baccata ☠ Eibe	dunkel- bis blaugrün	breit bis säulig	0,6 - 4	◑ – ●	viele Sorten mit untersch. Wuchs; rote Beeren
Thuja occidentalis 'Smaragd' ☠ Lebensbaum	kräftig grün	breit-kegelig	2,5 – 6	◯ – ◑	auch Kalk, gut schnittverträglich; viele Sorten
Tsuga canadensis 'Nana Gracilis' Zwerg-Hemlocktanne	hell- bis dunkelgrün	breit-kegelig	0,5	◑	windgeschützte Lage; nicht schneiden
Vinca minor Immergrün	kräftig grün	kriechend	0,15	◑ – ●	hellblaue Blüten; guter Bodendecker

◯ = Sonne   ◑ = Halbschatten   ● = Schatten   ☠ = giftig

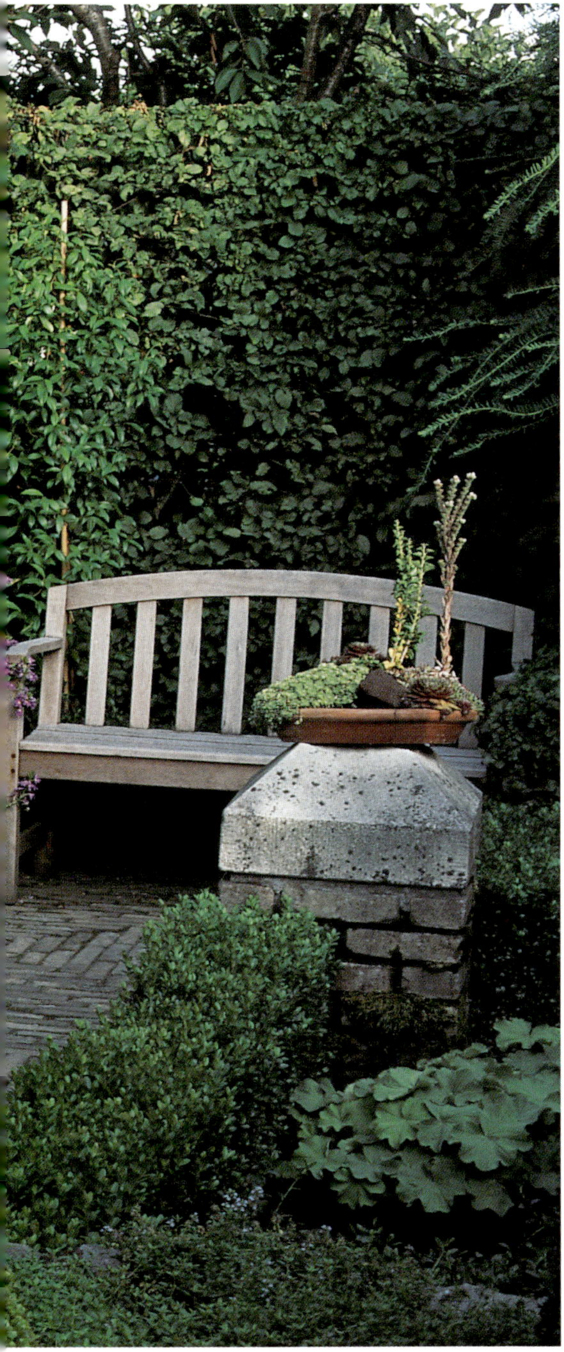

Ideen, Tips und Tricks

Perfekt gestaltet

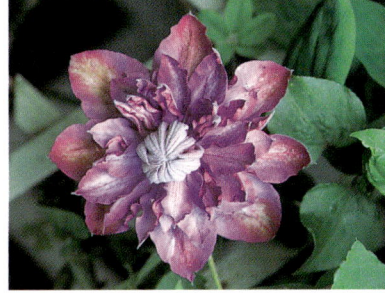

Vielfältig sind die Möglichkeiten, Ziergehölze im Garten einzusetzen. Eine Pflanzung will aber gut durchdacht sein. Auf den folgenden Seiten finden Sie alle wichtigen Gestaltungsgrundsätze und Beispiele für jeden Gartenbereich.

Foto oben: Clematis - hier 'Vivian Penell' gehören zu den schönsten Klettergehölzen.
Foto links: Selbst kleine Gartenräume können mit Ziergehölzen sehr abwechslungsreich gestaltet werden.

Den Garten planen

Egal, ob Sie einen vorhandenen Garten umgestalten wollen oder ein braches Grundstück in eine »Grüne Oase« verwandeln dürfen – Sie sollten vorher alles gründlich planen und bedenken. Um Fehler zu vermeiden, die oft nur noch mit großem Aufwand ausgebessert werden können, gehen Sie wie folgt vor:
• Inspizieren Sie in Ruhe das Grundstück und sammeln Sie Ihre Gartenwünsche.
• Fertigen Sie eine maßstabsgerechte Skizze des Gartens an.
• Registrieren Sie alle bereits vorhandenen Gehölze und auch solche, die auf Nachbargrund stehen, aber von Ihrem Garten aus sichtbar sind und gegebenenfalls Schatten werfen.
• Berücksichtigen Sie bei der Planung, daß die Neugestaltung zu Haus und Umgebung passen sollte.
• Beziehen Sie die Umgebung in Ihren Garten ein, indem Sie etwa einen schönen Ausblick mit Gehölzen umrahmen.
• Häßliche Situationen können mit Hilfe von Gehölzen aus dem Blickfeld verbannt werden.
• Versuchen Sie, den Garten möglichst abwechslungsreich zu unterteilen, dadurch wirkt er größer und interessanter.
• Bedenken Sie, daß ein Nutzgarten möglichst viel Sonne braucht, also von Gehölzen nicht stark beschattet werden darf.

• Informieren Sie sich vor der Pflanzung über die geltenden Rechtsvorschriften (→ Seite 10).

Wuchsformen

Gehölze wirken das ganze Jahr über durch ihren Wuchs und die Konturen. Informieren Sie sich rechtzeitig in guten Baumschulkatalogen über die Wuchseigenschaften und bedenken Sie auch, wie Laubgehölze im blattlosem Zustand aussehen. Durch die Kombination unterschiedlicher Wuchsformen lassen sich interessante Kontraste und Spannungen erzeugen. Wenn Sie ähnliche Wuchsformen wählen, schaffen Sie dagegen ruhige, harmonische Flächen.

Blätter

Oft wird nicht bedacht, daß auch die Blätter die Wirkung der Gehölze beeinflussen: Großflächiges Laub läßt sie üppig erscheinen, filigranes aber leicht und zart. Großblättrige Pflanzen eignen sich meist gut als Solitäre und vorwiegend für größere Gärten. Bevorzugen Sie im kleinen Garten Gehölze mit zarterem Blattwerk, sonst wirkt er schnell überladen. Durch die Kombination von verschiedenen Blattformen und -farben lassen sich ebenfalls interessante Kontraste erzielen.

Farben

Wählen Sie die Farben nach Ihren Vorlieben aus, aber berücksichtigen Sie dabei folgende Grundregeln:
• Komplementärfarben wie Blau und Gelb, Rot und Grün, Orange und Lila wirken besonders leuchtkräftig und lebhaft.
• Farbdreiklänge wie Gelb-Rot-Blau erscheinen kontrastreich bis grell. Wenn Pastellfarben (also mit Weiß aufgehellte Farben) gewählt werden, wird der Eindruck ruhiger.
• Weiß und Grün mindern starke Kontraste.
• Edel wirken Farbverläufe wie zum Beispiel aus Gelb, Ockergelb und Orange.
• Ton-in-Ton-Kombinationen – also die gleiche Farbe in verschiedenen Helligkeitsstufen – vermitteln einen eleganten und ruhigen Eindruck.
• Zu viele Farben auf engem Raum wirken selten gut.
• Berücksichtigen Sie die Blütezeiten der Gehölze. So können Sie im Jahreslauf sehr unterschiedliche Farbkombinationen verwirklichen.
Mein Tip: Kleine Gärten erscheinen größer, wenn nur wenige Farben und kaum Kontraste eingesetzt werden. Bevorzugen Sie Farbverläufe oder Pastellfarben. Blautöne im Hintergrund vergrößern den Garten optisch, vor allem, wenn im Vordergrund warme Gelb- und Rottöne erscheinen.

*D*as Hochstämmchen mit der kugelig gehaltenen Krone ist ein richtiger Blickfang im Staudenbeet. Das zarte Blattwerk fügt sich gut in die Bepflanzung ein und läßt auch die Blumen zur Geltung kommen. Selbst im Winter sorgen die Immergrünen für einen Blickfang im Beet.

Praxis: Grundsätze der Gestaltung

Hier finden Sie typische Situationen für die Verwendung von Ziergehölzen im Garten, die auf den folgenden Seiten dann noch vertieft werden.

Gartenbeispiel
Zeichnung 1

Die Kunst der Gestaltung eines Gartens besteht darin, ihn mit Hilfe von Gehölzen schön einzugrenzen und in sich sinnvoll und abwechslungsreich zu gliedern. Beachten Sie folgende Grundregeln:
• Hohe Gehölze mehr an den Rand setzen.
• Staffeln Sie die Höhen, um Spannung zu erzeugen.
• Verwenden Sie Nadelgehölze sparsam, sie wirken sonst düster.

Sitzplatz
Zeichnung 1a

Ein Sitzplatz im Garten ist ideal zur Entspannung, vor allem im Sommer, wenn es auf der Terrasse sehr heiß werden kann. Für wohltuenden Schatten sorgt hier ein einzeln stehender Baum, der Teich bringt zusätzlich Kühlung. Auch Gehölzgruppen oder eine Laube können einen Sitzplatz umrahmen.

Teichrand
Zeichnung 1b

Ein Teich wird erst durch die Randbepflanzung in den Garten eingebunden, ohne sie wirkt er wie ein Fremdkörper. Wählen Sie hierfür Arten, deren Triebe sich malerisch zur Wasserfläche neigen. Stufen Sie die Pflanzung zur Gartenseite mit niedrigeren Ziergehölzen ab, die Sie mit Stauden kombinieren können.

Terrasse
Zeichnung 1c

Auch hier sind Gehölze als Schattenspender unentbehrlich – ob am

1a Der Sitzplatz im wohltuenden Schatten von Ziergehölzen dient der Entspannung und Erholung.

1b Der Teichrand mit überhängenden Ziergehölzen bepflanzt bindet das Gewässer in den Garten ein.

Kletterspalier, als Hausbaum oder Gruppe – und sie schützen vor neugierigen Blikken. Achten Sie vor allem auf die Schönheit der Blüten und deren Duft, weil sie beides hier besonders intensiv genießen können. Um diesen kleinen Garten größer erscheinen zu lassen, wurde der Sitzplatz etwas vertieft angelegt. Als Schutz zur Straße hin ist ein Erdwall aufgeschüttet und mit halbhohen Gehölzen bepflanzt worden.

Gemischte Beete
Zeichnung 1d

Viele Ziergehölze vertragen sich gut mit Stauden. Hier können Sie deren unterschiedliche Wuchsformen interessant kombinieren (→ Foto, Seite 38). Bevorzugen Sie dabei asymmetrische Zusammenstellungen. Die Gehölze sollten nicht allzu

1 *Das Gartenbeispiel* zeigt typische Gartensituationen.

1c *Die Terrasse* wird durch Gehölze abgeschirmt.

1d *Gemischte Beete* mit Stauden und Gehölzen.

sehr dominieren. Wählen Sie die Blütenfarben nach den Farbgestaltungsregeln aus (→ Seite 22). Neutrale Begleiter sind Immergrüne, sie liefern auch einen ruhigen Hintergrund für bunte Farbmischungen.

Ausblicke
Zeichnung 1e

Rahmen Sie besonders schöne Ausblicke in die Landschaft durch Ziergehölze ein und verstellen Sie sie nicht etwa damit. Dadurch wird eine Verbindung von Garten und Umgebung geschaffen, der Raum optisch vergrößert, der private Bereich aber doch wirkungsvoll abgegrenzt. Ausgesprochen gut eignen sich hierfür höhere Immergrüne, die auch im Winter Farbe ins Bild bringen.

Abgetrennte Areale
Zeichnung 1f

Gemüsebeete und Kompostbehälter sind meist kein schöner Anblick. Kaschieren Sie deshalb den Nutzgarten

1e *Ausblick* durch einen Rahmen aus Gehölzen.

1f *Abgetrennte Areale* dank Gehölzen.

mit Hilfe einer Gehölzgruppe oder auch Hekke, die die Beete aber nicht allzu sehr beschatten darf. Den Durchgang können Sie mit einem Bogen schmükken. Erst wer hindurchtritt, hat einen Überblick über diesen kleinen Bereich. Genauso können Sie Mülltonnen, aber auch einen kleinen Sitzplatz verbergen.

Solitärgehölze

Unter Solitärgehölzen werden Bäume oder Sträucher verstanden, die für sich allein stehen. Kein benachbartes Gewächs soll von ihrer Schönheit ablenken. Gerne wird ein Solitär mitten in die Rasenfläche gepflanzt. In Hausnähe übernimmt er dazu die Funktion eines schattenspendenden Hausbaumes. Aber auch im Beet kann ein Solitär Akzente setzen. In Baumschulkatalogen werden Sie oft den Begriff »Solitär« finden. Er bedeutet hier, daß das Gehölz während der Anzucht mindestens dreimal verpflanzt wurde. Es ist schon relativ groß und kann in Ihrem Garten gleich nach der Pflanzung einen Blickfang bilden. Nicht so aufwendig herangezogene Gehölze sind zwar billiger, brauchen aber auch Zeit, bis sie den Garten durch ihre Erscheinung prägen können. Merkmale. Solitärgehölze sollten möglichst viele der folgenden Punkte erfüllen:
• interessante Wuchsform, wie breit ausladend, überhängend, schirmartig, säulenförmig oder bizarr
• schöne Blüten, nach Möglichkeit auch duftend
• interessante Blattform und -farbe(n)
• leuchtende Früchte und intensive Herbstfärbung
• interessante Rindenstruktur und -farbe

Wichtig: Informieren Sie sich vor dem Kauf unbedingt darüber, welche Größe die Art Ihrer Wahl erreichen wird. Sie sollte auch nach Jahren noch genügend Abstand zu den anderen Gewächsen haben und als Hausbaum nicht erdrückend wirken. Wählen Sie als Hausbaum ein Laubgehölz, damit im Winterhalbjahr Sonnenlicht in die Wohnräume fallen kann. Laubgehölze, die sich für Solitäre eignen:
• Japanischer Ahorn (*Acer japonicum*, viele Sorten, schöne Herbstfärbung, 2–4 m)
• Eschenahorn (*Acer negundo* 'Variegatum', weiß gerandete Blätter, 5–7 m)
• Fächerahorn (*Acer palmatum*, viele Sorten, auch mit ganzjährig farbigem Laub, 1–3 m)
• Hänge-Birke (*Betula pendula* 'Youngii', schirmförmige Krone, herabhängende Zweige, 4–6 m)
• Japanische Blütenkirsche (*Prunus serrulata*, viele Sorten mit rosa bis weißen, oft duftenden Blüten, auffallender Rinde und säulenförmigem bis überhängendem Wuchs, 3–6 m)
• Strauch-Eiche (*Quercus ilicifolia*, sparriger Strauch, gelbrotes Herbstlaub, 4–6 m)
• Kugelakazie (*Robinia pseudoacacia* 'Umbraculifera', duftende, weiße Blüten, kugelige Krone, 3–4 m)
• Säulen-Eberesche (*Sorbus aucuparia* 'Fastigiata', schmalkegelförmiger Wuchs, weiße Blüten, dunkelrote Beeren, gelb-orange Herbstfärbung)
• Strauch-Eberesche (*Sorbus vilmorinii*, rosa Blüten, Seitentriebe überhängend, rosa Beeren, orange-rote Herbstfärbung, 3–6 m)
Nadelgehölze, die sich für Solitäre eignen:
• Korea-Tanne (*Abies koreana*, wächst kegelförmig, violettbraune Zapfen, 5–7 m)
• Scheinzypresse (*Chamaecyparis lawsoniana*, viele Sorten, 2–7 m)
• Wacholder (*Juniperus chinensis*, viele Sorten, 2–7 m)
• Zuckerhutfichte (*Picea glauca* 'Conica', kegelförmig wachsend, 2–3m)
• Mädchenkiefer (*Pinus parviflora*, kleinkronig, dekorativ, 5–10 m)
• Säuleneibe (*Taxus baccata* 'Fastigiata', schmale Säule, 3–5 m)
• Smaragd-Lebensbaum (*Thuja occidentalis* 'Smaragd', intensiv grün, 4–6 m)
Hinweis: In den Tabellen auf den Seiten 14/15 und 18/19 sind weitere als Solitäre geeignete Arten.

Gehölzgruppen

Eine Gehölzgruppe besteht in der Regel aus ein bis zwei höheren Gehölzen und drei bis sechs niedrigeren Sträuchern mit unterschiedlichen Wuchshöhen. Für sehr kleine Gärten werden

Solitärgehölze und Gehölzgruppen

Gruppe aus Spielarten des Hartriegels.

weniger und schwächer wachsende Gehölze ausgewählt. Beachten Sie hierbei folgendes:
• Die Arten, die Sie kombinieren wollen, müssen ähnliche Standortansprüche haben.
• Hohe Gehölze werfen auch Schatten. Verwenden Sie entsprechend tolerante Nachbarn.

• Wählen sie die Pflanzabstände so, daß sich die Kronen der ausgewachsenen Gehölze nur im äußeren Viertel durchdringen.
• Besonders spannungsreich wird die Gruppe, wenn Sie säulenförmige mit überhängenden, kugeligen und breit ausladenden Wuchsformen kombinieren.
• Spielen Sie mit unterschiedlichen Blattformen und -farben. Wählen Sie aber nicht mehr als eine buntlaubige Sorte, sonst wirkt die Gruppe zu unruhig.
• Kombinieren Sie ganz nach Geschmack Arten mit sehr unterschiedlichen Blühterminen oder solche, die zur gleichen Zeit ein ganzes Blütenfeuerwerk abbrennen. In diesem Fall sollten sie die Töne aber gemäß den Farb-Grundregeln (→ Seite 22) abstimmen.
• Wählen Sie nicht ausschließlich prachtvolle Gehölze. Schlichtere Pflanzen untermalen die Schönheit von auffallenderen wirkungsvoll.
• Von vielen Gehölzen gibt es so unterschiedliche Arten und Sorten, daß Sie mit einer Auswahl davon schon eine abwechslungsreiche Gruppe bilden können wie mit Hartriegel (*Cornus*, → Foto links) oder Rhododendren (*Rhododendron*, → Foto Seite 31).
• Nicht zu hoch wachsende Nadelgehölze können das Zentrum einer gemischten Gruppe von Laubgehölzen bilden. Sie schaffen einen dunklen Hintergrund, vor dem Blütengehölze besonders gut zur Wirkung kommen.
Bei geschickter Auswahl wird Ihnen Ihre Gehölzgruppe im Jahreslauf immer neue Glanzlichter bieten.

Terrassen

Von der Terrasse aus wollen Sie sicher den Blick in Ihren Garten auskosten. Verstellen Sie ihn möglichst nicht mit hohen Gehölzen. Eine Randbepflanzung macht die Terrasse aber erst richtig wohnlich. Für einen sanften Übergang zum Rasen und Garten sorgen Beete oder kleine Gruppen aus Polsterstauden (→ Begleitpflanzen, Seite 38) und niedrigen Sträuchern (→ Tabellen, Seite14/15 und 18/19). Wählen Sie hier solche mit schönen, duftenden Blüten, um sie sitzend besonders intensiv genießen zu können. Wenn Sie kleinere immergrüne Gehölze und Vorfrühlingsblüher wie die Zaubernuß (*Hamamelis*-Arten und -Sorten) pflanzen, haben Sie auch im Winter durch das Terrassen-Fenster einen schönen Anblick.

Sichtschutz. Sitzen Sie auf Ihrer Terrasse wie auf dem Präsentierteller? Dagegen ist ein Gehölz gewachsen! Sehen Sie zuerst selbst von außen in Ihren Garten und merken Sie sich, von wo aus Durchblicke möglich sind. Ist es nur ein kleiner Bereich, können Sie:
• An strategisch günstiger Stelle einen ausreichend großen Strauch setzen.
• Die Lücke durch ein Zwerg- oder am Spalier gezogenes Klettergehölz im Kübel schließen, der sich verrücken läßt.

Ist die Terrasse aber auf breiter Front einsehbar, können Sie:
• Schon an der Grundstücksgrenze eine Hecke (→ Seite 30) pflanzen.
• Die Terrasse mit am Spalier gezogenen Klettergehölzen oder einer von diesen begrünten Sichtschutzwand umgeben. Eine mit Klettergehölzen begrünte Pergola bietet zusätzlich auch noch Schutz vor neugierigen Blicken von oben und vor der Sonne.
• Den Sitzplatz tiefer legen (→ Seite 25).

Sitzplätze im Garten

Auf der Terrasse kann es im Sommer oft unerträglich heiß werden. Ein Sitzplatz im Garten im Schatten von Ziergehölzen ist dann ideal. Im einfachsten Falle nehmen Sie sich einen Liegestuhl und wandern zu den Büschen. Besser ist es aber, wenn Sie an einem Platz mit schönem Ausblick einen dauerhaften Sitzplatz gestalten. Überlegen Sie zunächst, was Sie an diesem Platz tun wollen: Allein sein, um zu lesen, auszuruhen, oder in geselliger Runde zusammensitzen? Entsprechend klein oder groß wird der Sitzplatz ausfallen. Die Bank oder die Sitzgruppe sollten zum Stil Ihres Gartens passen. Je naturnaher die Bepflanzung, desto naturbelassener auch die Materialien wie

Holz oder Stein (→ Fotos, Seite 29, Mitte und unten links). Für einen dauerhaften Sitzplatz empfiehlt es sich, den Boden zumindest mit Kies oder besser mit Platten zu befestigen. Was die Gehölze betrifft, haben Sie folgende Gestaltungsmöglichkeiten:
• Eine Bank unter einem Baum wird von diesem beschirmt und beschattet. Ist es ein Laubgehölz, können Sie dort im Frühling und Herbst auch die milde Sonne genießen. Wenn Sie am Sitzplatz noch einen Teich anlegen, ist für zusätzliche Kühlung gesorgt. Die Wuchshöhe des Baumes abhängig von der Gartengröße wählen (→ Fotos, Seite 29, oben links und Mitte rechts).
• Eine Laube oder Pergola – etwa mit Kletterrosen bepflanzt (→ Foto, Seite 29, Mitte links) – beschirmen den Sitzplatz ebenfalls und brauchen weniger Platz.
• Die Bank umrahmende Gehölzgruppen sorgen für Schatten, Sichtschutz und bieten zur Blütezeit auch etwas für Auge und Nase.
• Gegen unangenehme Zugluft schützen dichte Schnitthecken. Sie können für schlichte Bänke sogar Lehnen aus beschnittenen immergrünen Gehölzen gestalten (→ Foto, Seite 29, oben rechts).

Englisch-elegant vor gepflegtem Rasen.

Pfiffig beschnitten.

Mit edlem Duft.

Für beschauliches Arbeiten.

Gut beschirmtes Ruhen.

Naturnahes Eckchen.

Vielfalt der Sitzplätze

Orte zum Ausspannen und Nachdenken ganz für sich allein oder zum geselligen Beisammensein mit der Familie und Freunden. Die Bänke aus edlen oder schlichten Materialien, frisch gestrichen oder in Würde gealtert – immer aber ganz nach dem Geschmack der Nutzer.

Hecken

Wo Häuser dicht an dicht stehen und die Gärten einsehbar sind, erfüllen Hecken wichtige Funktionen: Sie grenzen den Garten wie eine lebende Mauer ein, bieten Sicht-, Lärm- und Windschutz. Sie können häßliche An- und Ausblicke kaschieren, den Garten unterteilen, und Vögel, Insekten und Kleintiere finden dort Nahrung, Nistplatz und Unterschlupf. Folgendes sollten Sie bei der Planung beachten:

• Informieren Sie sich vor der Pflanzung gründlich über Wuchs, Pflanzabstand und endgültige Größe der Gehölze.

• Soll die Hecke als Windschutz dienen, muß sie quer zur Hauptwindrichtung und dicht gepflanzt werden.

• Blätter halten Lärm besser ab als Nadeln. Für ständigen Lärmschutz eignen sich immergrüne Laubgehölze am besten. Die Wirkung wird verstärkt, wenn Sie die Hecke auf einem Lärmschutzwall (→ Seite 24) pflanzen.

• Immergrüne Hecken bieten ganzjährig Sichtschutz.

• Hecken aus laubabwerfenden Gehölzen werden im Winter transparent, lassen aber auch mehr Licht und Sonne in den Garten.

• Fenster, Terrasse und Nutzgarten sollten von Hecken nicht beschattet werden.

• Schnitthecken (→ unten) sind pflegeintensiver als freiwachsende, brauchen aber weniger Platz.

• Je kleiner der Garten, desto zierlicher sollte die Hecke ausfallen.

• Für sehr kleine Gärten sind Hecken oft zu wuchtig. Als platzsparende Alternative können Sie einen Zaun mit Klettergehölzen begrünen.

• Halten Sie beim Pflanzen den Mindestgrenzabstand ein oder sprechen Sie sich mit den Nachbarn ab. Eine gemeinsame Hecke auf der Grundstücksgrenze spart Geld und auch Platz.

Typen und Variationen

Selbst in den meisten kleinen Gärten können die unterschiedlichsten Hecken gestaltet werden:

Schnitthecke. Sie besteht nur aus einer Pflanzenart, einem schnittverträglichen Laub- oder Nadelgehölz, das immergrün oder laubabwerfend sein kann. Sie muß mindestens einmal im Jahr geschnitten werden (→ Seite 48). Dafür braucht sie von allen Heckentypen am wenigsten Platz. Die schmalsten Hecken bilden Eiben (*Taxus baccata*), die auf eine Breite von lediglich 30 cm geschnitten werden können. Lange Schnitthecken wirken oft sehr eintönig. Kurze und hohe hingegen können auch Gartenareale abgrenzen, niedrige als Beeteinfassung dienen (→ Seite 32).

• Schnittverträgliche Nadelgehölze sind neben der Eibe die Blaue Heckenzypresse (*Chamaecyparis lawsoniana* 'Almunii') und der Kegel-Lebensbaum (*Thuja occidentalis* 'Holmstrup').

• Schnittverträgliche immergrüne Laubgehölze sind die Großblättrige Berberitze (*Berberis julianae*), der Hohe Buchsbaum (*Buxus sempervirens* 'Rotundifolia'), der Berg-Ilex (*Ilex crenata* 'Convexa'), die Heckenmyrte (*Lonicera nitida* 'Elegant'), die Mahonie (*Mahonia aquifolium*), die Heckenkirsche (*Prunus laurocerasus* 'Herbergii') und der Feuerdorn (*Pyracantha coccinea* 'Red Column').

• Schnittverträgliche laubabwerfende Gehölze sind die Grüne Hecken-Berberitze (*Berberis thunbergii*), die Hainbuche (*Carpinus betulus*), der Rote Hartriegel (*Cornus sanguinea*), die Felsenmispel (*Cotoneaster praecox*) und die Forsythie (*Forsythia* x *intermedia*).

Freiwachsende Hecke. Hier können Sie verschiedene Arten mischen. Sie wird nicht beschnitten, je nach Arten fällt im Herbst aber viel Laub an. Eine solche Hecke nimmt allerdings eine Breite von 2 bis 3 m ein.

• Wildhecken können Sie aus heimischen Gehölzen zusam-

Blütenhecke aus Blumenhartriegel, Rhododendren, und Kolkwitzie.

menstellen: Wildrosen (*Rosa rubiginosa* und *R. rugosa*), Pfaffenhütchen (*Euonymus europaea*), Heckenkirsche (*Lonicera xylosteum*), Schlehe (*Prunus spinosa*) und Holunder (*Sambucus nigra*). Sie sind anspruchslos und ökologisch wertvoll, blühen aber oft unauffällig.

• Blütenhecken setzen sich aus besonders üppig blühenden Züchtungen zusammen: Blumenhartriegel (*Cornus florida*, weiß, rosa, → Foto oben), Rosen-Deutzie (*Deutzia* x *hybrida* 'Mont Rose', rosa,) Kolkwitzia (*Kolkwitzia amabilis*, rosa), Braut-Spiere (*Spiraea* x *arguta*, weiß), Flieder (*Syringa vulgaris*, Sorten weiß, gelb, rosa, rot, lila, blau), Großblumiger Schneeball (*Viburnum* x *carlcephalum*, weiß) und Weigelie (*Weigela*-Hybriden, rosa, rot).

• Zur Auflockerung können Sie Immergrüne wie Säuleneibe (*Taxus* x *media* 'Hicksii'), Großblättrige Berberitze (*Berberis julianae*) oder Stechpalme (*Ilex aquifolium*) dazwischensetzen.

Formale Gärten

Ihre Kennzeichen sind geometrische Formen, ihr tragendes Gerüst bilden in Form geschnittene, symmetrisch gepflanzte Gehölze. Solche Gärten eignen sich durch ihre klaren Strukturen gut für kleine Grundstücke und auch lange, schmale Parzellen, die durch querlaufende Einteilungen optisch verbreitert werden können. Dafür sind Anlagekosten und Pflegeaufwand relativ hoch. Klassische Formale Gärten haben folgende Merkmale:
• Sie werden umfriedet von einer meist immergrünen Schnitthecke.
• Der Garten selbst wird durch Schnitthecken oder Spaliere noch einmal in sich gegliedert.
• Beete und Wege sind umrahmt von niedrigen Einfassungen aus geschnittenen Gehölzen in geometrischen Mustern.
• Die Beete selbst werden oft zusätzlich durch niedrige, beschnittene Gehölze ornamental unterteilt.
• Akzente setzen Hochstämme, in ausgefallene Formen geschnittene Bäume, beschnittene Durchgänge, aber auch Brunnen, Skulpturen, Bänke und Lauben.
• Rasen kommt, wenn überhaupt, nur in kurz geschnittener Form vor.
• Pflaster oder/und Kies unterstreichen die Strenge des Gartens.

• Üppige Beetbepflanzungen mit Kräutern oder Blumen dämpfen wiederum die Strenge der Einfassungen.
• Mit Farben wird sehr zurückhaltend umgegangen, oft setzen nur unterschiedliche Grüntöne zarte Akzente.
• Die eingefaßten Wege schaffen Blickachsen, die kleine Gärten größer erscheinen lassen.

Einfassungs-Gehölze

Nicht alle schnittverträglichen Gehölze können niedrig gezogen werden.
<u>Einfassungen bis zu 45 cm Höhe bilden:</u>
• Der immergrüne Einfassungsbuchs (*Buxus sempervirens* 'Suffruticosa', → Fotos, rechts). Er ist die beliebteste Art für diesen Zweck, wächst langsam und läßt sich durch Stecklinge leicht vermehren (→ Seite 42).
• Der Echte Lavendel (*Lavandula angustifolia* 'Hidecote'), besitzt wohlriechende, immer- und graugrüne Blätter. Er blüht im Hochsommer blauviolett und läßt sich gut vermehren.
• Der Gamander (*Teucrium chamaedrys*) ist ein tief- und immergrüner Halbstrauch. Er duftet stark und bildet im Hochsommer kleine rosa Blütenähren. In rauhen Regionen kann er stark zurückfrieren, treibt aber wieder durch.

• Das Heiligenkraut (*Santolina chamaecyparissus*) ist ebenfalls ein immergrüner Halbstrauch, aber mit graufilzigen, gefiederten Blättern. Im Hochsommer bildet es kleine gelbe Blütenköpfchen. Es braucht einen geschützten Standort und sollte im Winter mit Fichtenreisig abgedeckt werden.
<u>Einfassungen von 50–90 cm Höhe bilden:</u>
• Der in mildem Klima immergrüne Liguster (*Ligustrum ovalifolium*), der im Juni weiße, streng duftende Blütentrauben bildet.
• Die immergrüne Eibe (*Taxus baccata*).
Wichtig: Wollen Sie sich an Blüten freuen, warten Sie mit dem Schnitt der Einfassung bis in den Spätsommer.
<u>Für Formschnitt</u> eignen sich neben Buchs, Eibe und Liguster noch folgende Arten, alle immer- und glänzend-dunkelgrün:
• die Stechpalme (*Ilex aquifolium*),
• der Lebensbaum (*Thuja occidentalis* 'Ellwangeriana'),
• die Lorbeerkirsche (*Prunus laurocerasus* 'Reynvaanii').

Geometrische Formen

Die besondere Wirkung des Formalen Gartens beruht auf seiner Symmetrie:
• Die Beete können von vielfältigen geometrischen Formen

Formale Gärten

eingefaßt werden: Rechteck (→ Foto, rechts oben), Quadrat, Raute, Dreieck, Kreis (→ Foto, rechts unten), Halb- und Viertelkreis, Oval sowie Kombinationen aus Rechteck und Kreissegmenten.

• Innerhalb des Beetes gibt es noch eine Vielzahl von Unterteilungsmöglichkeiten: durch Kreuze, Diagonalen, Drehen eines Motivs wie dem Quadrat um 90°, oder durch Einfügen von Kreisen in Quadrate. Die kompliziertesten Formen sind in den aufwendigen englischen Knotenbeeten zu finden. Dort umschlingen und kreuzen sich Bänder aus Gehölzen mit verschiedenen Grüntönen in den kompliziertesten Mustern.

• Die Wegkreuzung kann als schlichter Kreuzweg (→ Foto, rechts oben) ausgeführt sein. Oft erweitert sie sich aber zum Rondell. Im Zentrum setzt ein Brunnen, ein Hochstamm, eine Skulptur oder Sonnenuhr (→ Foto, rechts unten) Akzente.

Mein Tip: Wenn Ihnen ein Formaler Garten zu aufwendig ist, übernehmen Sie doch einfach nur ein Element aus ihm, wie rund geschnittene Buchskugeln. Sie harmonieren gut mit Stauden und im Winter, nach deren Einziehen, dominiert dann die grafische Struktur der Kugeln.

Streng rechteckig unterteilt und eingerahmt.

Verspielt mit Doppelkreis und Buchskugeln.

Efeu umrankt Zaun und Torbogen wildromantisch.

Rose und Waldgeißblatt.

Naturgarten

Ein Garten, der im Einklang mit der Natur steht, hat seinen eigenen ästhetischen Reiz. Für ihn werden einheimische Pflanzen ausgewählt, die am gegebenen Standort gedeihen. Für Einfriedungen eignen sich Wildhecken (→ Seite 30), oder schlichte Holzzäune. Natürlicher wirken diese, wenn sie mit Kletterpflanzen begrünt werden. Etwa mit Efeu (*Hedera helix*, → Foto oben, immergrün); Jelängerjelieber (*Lonicera caprifolium*), Waldgeißblatt (*Lonicera periclymenum*, → Foto links) oder Alpen-Waldrebe (*Clematis alpina*). Artenvielfalt. Wenn Sie möglichst viele heimische Arten pflanzen, schaffen Sie Lebensräume für eine Vielzahl von

Vögeln, Insekten und Kleintieren. Hier weitere Gehölze für kleine Gruppen oder Einzelstand (Höhe 2–5 m): Die Felsenbirne (*Amelanchier laevis*, → Foto, Seite16) und der Sanddorn (*Hippophae rhamnoides*), beide mit eßbaren Früchten; der Gemeine Liguster (*Ligustrum vulgare*), mit giftigen blauschwarzen Beeren; die Aschweide (*Salix cinerea*, kein Kalk!); der Traubenholunder (*Sambucus racemosa*) und der Gemeine Schneeball (*Viburnum opulus*), beide mit roten Beeren.

Der Heidegarten

Er zählt auch zu den Naturgärten: Sein Vorbild ist die Lüneburger Heide, er wird geprägt durch Heidekraut und Wacholder. Folgende Punkte sind bei ihm wichtig:
• Ideal ist ein magerer, saurer, sand- oder/und torfhaltiger Boden.
• Ein Heidegarten wirkt erst richtig, wenn eine größere Fläche bepflanzt wird. Setzen Sie nach Möglichkeit Tuffs von 20–30 Pflanzen pro Sorte.
• Was in der Lüneburger Heide die Heidschnucken besorgen, müssen Sie in ihrem Heidegarten selbst machen: Die Pflanzen regelmäßig zurückschneiden, damit sie nicht blühfaul werden. Bei Winter- und Frühjahrsblühern geschieht dies

nach der Blüte, bei Sommer- und Herbstblühern im Frühling.
Heidekräuter. Es gibt mehrere immergrüne Arten. Sie sind Zwergsträucher und blühen zu sehr unterschiedlicher Zeit:
• Besenheide (*Calluna vulgaris*), viele Sorten, Blüte Juli bis Oktober, Weiß, Rosa, Rot, Lila und Violett.
• Irische Heide (*Daboecia cantabrica*), einige Sorten, Blüte Juni bis September, Weiß, Rosa, Purpur und Violett. Braucht in rauhen Regionen Winterschutz.
• Schneeheide (*Erica carnea*), viele Sorten, Blüte Dezember bis Mai, Weiß, Rosa, Rot und Violett. Sie ist die einzige Art, die auch Kalk verträgt.
Mein Tip: Gestalten Sie auf kalkhaltigen Böden Heidegärten nur mit verschiedenen Sorten der Schneeheide.
Begleitgehölze. Immergrüne, wie Wacholder (*Juniperus communis*) und Latsche (*Pinus mugo*), schaffen einen dunklen Hintergrund für die blühenden Tuffs. Zur Heide-Gemeinschaft gehören auch die Zwergbirke (*Betula nana*), der Besenginster (*Cytisus scoparius*) mit dottergelben Blüten von Mai bis Juni und der Färberginster (*Genista tinctoria*) mit gelben Blüten von Juli bis August.

Naturteich

Wasser sollte im Naturgarten nicht fehlen. In Gärten ab 500 qm ist sogar Platz für einen Naturteich, ein Refugium für viele Pflanzen und Tiere.
Gehölze am Teich. In feuchten Bereichen fühlen sich nur wenige Gehölze wohl. Sie können am Naturteich eine wichtige Funktion erfüllen: Am möglichst trockenen Südufer gepflanzt, werfen sie mittags Schatten und sorgen dafür, daß sich das Wasser nicht zu sehr erwärmt und verschlämmt.
Als Solitäre, die gelegentliche »nasse Füße« tolerieren, eignen sich:
• Hängende Kätzchenweide (*Salix caprea* 'Pendula')
• Fächerahorn (*Acer palmatum*)
• Federbuschstrauch (*Fothergilla major*, kein Kalk!)
• Rispen-Hortensie (*Hydrangea paniculata*).
Für kleine Gehölzgruppen eignen sich:
• Apfelrose (*Rosa rugosa*), bildet dicke rote Hagebutten
• Gemeiner Schneeball (*Viburnum opulus*)
• Haselnuß (*Corylus avellana*).
• Schmetterlingsstrauch (*Buddleja alternifolia*)
• Lorbeerkirsche (*Prunus laurocerasus*, immergrün)
• Buchs (*Buxus sempervirens*, immergrün).
Wichtig: Fallaub herausfischen, denn es würde den Teich überdüngen.

Vorgarten

Der Vorgarten ist die Visitenkarte eines Hauses und seiner Bewohner. Bedenken Sie bei der Planung folgendes:
• Der Vorgarten sollte zur Architektur des Hauses passen und zu seinem Umfeld.
• Wenn die vorbeiführende Straße eine hohe Belastung mit Schadstoffen und Streusalz verursacht, wählen Sie entsprechend robuste Pflanzen (→ Seite 10).
• Ein offener Vorgarten wirkt besonders freundlich und beeinflußt das ganze Bild der Straße positiv. Er hält aber weder neugierige Blicke noch Wind, Staub, Lärm oder ungebetene zwei- und vierbeinige Besucher ab. Das sind die Stärken der eingefriedeten Variante.

Eingefriedeter Vorgarten. Er ist von einer Schnitt- oder freiwachsenden Hecke (→ Seite 30) umgeben. Wenn Sie Schutz vor unerwünschtem Besuch brauchen, sollten Sie stachelige Gehölze wählen:
• Berberitzen (*Berberis*-Arten)
• Weißdorn (*Crataegus*-Arten)
• Liguster (*Ligustrum vulgare*, giftig!)
• Schlehe (*Prunus spinosa*)
• Strauch- und Heckenrosen (*Rosa*-Arten)
Wichtig: Sehr kleine und schmale Vorgärten sollten Sie nicht auch noch mit einer Hecke zupflanzen. Hier ist ein mit

Klettergehölzen begrünter Zaun die bessere Lösung.

Offener Vorgarten. Er ist nicht eingefriedet und bietet den Passanten seine ganze Pracht dar. Es gibt viele Varianten:
• Eine Rasenfläche, die mit einer Gehölzgruppe oder einem Hausbaum (→ Seite 26) bepflanzt ist.
• Eine abwechslungsreiche Gehölzgruppe, kombiniert mit Stauden links und rechts des Wegs zur Haustür, → Foto rechts mit Hortensien (*Hydrangea*-Hybriden), beschnittenem Buchs (*Buxus sempervirens*), Schmaler Säuleneibe (*Taxus baccata* 'Fastigiata Robusta') und Funkien (*Hosta*-Arten).
• Ein Formaler Vorgarten (→ Seite 32) mit in Form geschnittenen Immergrünen.
• Ein Heidegarten (→ Seite 35). Noch freundlicher wird der Vorgarten, wenn Sie:
• Den Weg zum Haus mit einem Bogen oder einer Pergola überspannen und Klettergehölze hochwachsen lassen.
• Den Hauseingang mit Kübelpflanzen flankieren.
• Die Hauswand mit Klettergehölzen begrünen wie Clematis (*Clematis*-Arten und -Hybriden), Knöterich (*Falliopa aubertii*), Efeu (*Hedera helix*, giftig!), Kletterhortensie (*Hydrangea anomala* ssp. *petiolaris*), Winterjasmin (*Jasminum nudiflorum*), Geißblatt (*Lonicera*-Arten), Jungfernrebe (*Parthenocissus tricuspidata*), Kletter-

rosen (*Rosa*-Arten) und Glyzine (*Wisteria sinensis*).
• Die Mülltonne oder deren Schrank durch eine kleine Gehölzgruppe kaschieren.
• Den Autostellplatz durch eine Pergola oder einen Hausbaum beschirmen.
Mein Tip: Wählen Sie für diese Pergola aber keine Klettergehölze, die sehr viele Blüten abwerfen wie die Glyzine (*Wisteria sinensis*) und als Hausbaum keine Arten mit zahlreichen abfallenden Früchten, auf denen man leicht ausrutschen könnte.

Innenhof

Innenhöfe sind oft eintönig und völlig zugeteert. Selbst hier können Sie aber mit Zwerggehölzen in großen Töpfen, Kästen und Hochbeeten schnell ein kleines grünes Paradies schaffen.

Ideale Laubgehölze sind hier wieder Buchs (*Buxus sempervirens*), Kriechspindel (*Euonymus fortunei*), Fingerstrauch (*Potentilla fruticosa*), Zwergmandel (*Prunus tenella*), Zwergrosen (*Rosa*-Arten), Zwergweide (*Salix hastata* 'Wehrhahnii'), Spierstrauch (*Spiraea*-Arten) und Zwergweigelie (*Weigela florida* 'Purpurea').

Geeignete Nadelgehölze sind Kleine Balsamtanne (*Abies balsamea* 'Nana'), Blauer

Vorgarten und Innenhof

Offen und einladend: Vorgarten mit Hortensien, Buchskugeln und Säuleneiben.

Zwergwacholder (*Juniperus horizontalis* 'Glauca'), Nestfichte (*Picea abies* 'Nidiformis'), Mopskiefer (*Pinus mugo* 'Mops'), Kriechkiefer (*Pinus pumilo*), Kisseneibe (*Taxus baccata* 'Repandens', giftige Beeren!), Kugellebensbaum (*Thuja occidentalis* 'Danica') und Kissenhemlocktanne (*Tsuga canadensis*).

<u>Klettergehölze</u> lassen sich ebenfalls im Trog am Spalier ziehen. Wo immer möglich, sollten Innenhöfe gepflastert werden, wobei der Platz für Pflanzen freigelassen wird. Als pflegeleichte Variante können Sie sich auf wenige Bodendecker und immergrüne Gehölze beschränken. Aufwendiger wird es, wenn Sie viele Gehölze und Begleitpflanzen verwenden (→ Seite 38)

oder gar einen kleinen Formalen Garten (→ Seite 32) anlegen.

Innenhöfe sind in der Regel sehr ruhig Das Plätschern eines kleinen Brunnens kommt hier besonders gut zur Geltung und Sitzplätze (→ Seite 28) können zum beliebten Treffpunkt werden.

Ziergehölze und Begleitpflanzen meisterlich komponiert.

Begleitpflanzen

Gehölze zeigen ihre Blüten-
pracht nur für kurze Zeit und
stehen dann lediglich noch im
Laub. Blüten- oder Blatt-
schmuckpflanzen in ihrer Nähe
können sie dann beleben und
dekorativer wirken lassen. Wenn
Sie verschiedene Wuchshöhen
kombinieren, werden auch
räumliche Stufenwirkungen er-
zielt und sanfte Übergänge geschaffen. Berücksichtigen Sie
bei der Zusammenstellung aber
auch die Ansprüche der Pflanzen und die allgemeinen Ge-
staltungsregeln (→ Seite 22).
Wer eignet sich als Begleiter?
• halbhohe und hohe Stauden
• bodendeckende Stauden
• Farne und Gräser
• Zwiebel- und Knollenpflanzen
• Sommerblumen

Schatten. Der immer größer
werdende Schatten, den Gehölze mit zunehmendem Alter werfen, stellt das Hauptproblem für
das Gedeihen der Begleitpflanzen dar. Wenn Sie von vornher-
ein Arten aussuchen, die von
allein zum Licht wandern, wie
Frauenmantel (*Alchemilla mollis*) und Storchschnabel (*Geranium endressii*), bleibt Ihnen
viel Arbeit erspart. Bedenken

Sie auch, daß alte Sträucher und Bäume sehr starke Wurzeln ausbilden, die das Einbringen neuer Pflanzen erschweren.

Mein Tip: Vergessen Sie nicht, unter alten Gehölzen besonders gründlich zu wässern. Das kräftige Laubwerk läßt oft keinen Regen mehr durch.

Begleiter in der Sonne:
Hohe und halbhohe Stauden:
• Brennende Liebe (*Lychnis chalcedonica*)
• Rittersporn (*Delphinium*-Arten und -Hybriden)
• Ehrenpreis (*Veronica*-Arten)
• Lein (*Linum*-Arten)
• Glockenblume (*Campanula*-Arten)
• Rudbeckie (*Rudbeckia*-Arten)
• Sonnenröschen (*Helianthemum*-Hybriden)
• Kugeldistel (*Echinops*-Arten)
• Schafgarbe (*Achillea*-Arten)
Zwiebel-und Knollengewächse:
• Zierlauch (*Allium*-Arten)
• Madonnenlilie (*Lilium candidum*)
Begleiter im Halbschatten:
• Astilben (*Astilbe*-Arten und Hybriden)
• Silberkerze (*Cimicifuga*-Arten)
• Akelei (*Aquilegia*-Arten und -Hybriden)
• Funkie (*Hosta*-Arten)
• Purpurglöckchen (*Heuchera*-Hybriden)
• Lungenkraut (*Pulmonaria*-Arten)

Begleiter im Schatten:
• Taubnessel (*Lamium*-Arten)
• Pfennigkraut (*Lysimachia*-Arten)
• Japansegge (*Carex morrowii*)
• Haselwurz (*Asarum europaeum*, giftig!)
• Kriechastilbe (*Astilbe chinensis* var. *pumila*)
• Elfenblume (*Epimedium*-Arten)
• Hirschzungenfarn (*Phyllitis scolopendrium*)
• Ysander (*Pachysandra terminalis*, Bodendecker)
• Immergrün (*Vinca minor*, Bodendecker)
Zwiebelblumen, wie Krokus (*Crocus*-Arten), Tulpen (*Tulipa*-Arten und -Hybriden), Narzissen (*Narcissus*-Arten) und Blausternchen (*Scilla siberica*), die im Frühling blühen, können Sie ohne Probleme pflanzen, da sie unter noch kahlen laubabwerfenden Gehölzen genügend Licht bekommen. Später, nach dem Einziehen, brauchen sie kein Licht mehr.
Ungewöhnliche Begleiter:
Bei höheren Bäumen mit nicht zu dichtem Laubwerk, wie Zierapfel (*Malus*-Arten) und Zierkirsche (*Prunus*-Arten), kann die Baumscheibe durch rund oder sternförmig angelegte Beete umrahmt werden. Diese werden mit Kräutern, Gemüse, Erdbeeren oder Sommerblumen bepflanzt. Es muß aber genügend Licht durch das Blätterdach fallen.

Meisterhaft komponiert

Das Foto links zeigt einen vom Fachmann gestalteten Garten. Teils wurden Elemente aus dem Formalen Garten (→ Seite 32) übernommen, wie die streng beschnittenen Einfassungen aus Buchs (*Buxus sempervirens* 'Suffruticosa'), teils die Beete aufgelockert bepflanzt.

Gehölze. Eschenahorn als Solitär (*Acer negundo* 'Flamingo'), Floribunda-Rose 'Bonica '82' und Spierstrauch (*Spiraea japonica*).

Stauden. Riesenschleierkraut (*Gypsophila paniculata*), Reiherschnabel (*Erodium manecavii*), Storchschnabel (*Geranium*-Arten), Akanthus (*Acanthus hungaricus*), Beifuß (*Artemisia*-Arten), Gartenmohn (*Papaver orientale*), Purpurfetthenne (*Sedum telephium*), Witwenblume (*Knautia macedonica*), Berufkraut (*Erigeron*-Hybriden), Ehrenpreis (*Veronica longifolia*), Katzenminze (*Nepeta* x *faassenii*), Flockenblume (*Centaurea dealbata*), Zierlauch (*Allium*-Arten), Schafgarbe (*Achillea millefolium*) und Phlox (*Phlox-Paniculata*-Hybride).

Dieses Beispiel ist sehr aufwendig gestaltet. Es bietet aber auch Anregungen für die Gestaltung eines kleinen Beetes oder die Unterpflanzung eines Gehölzes.

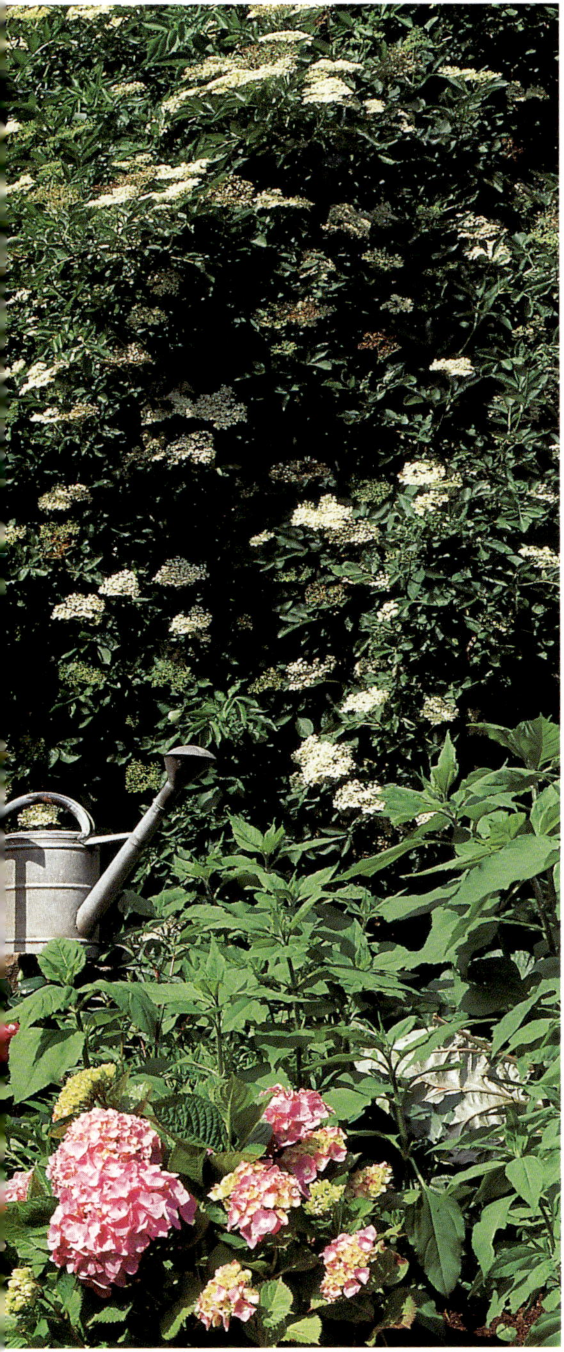

Pflanzen, schneiden und vermehren

Richtig pflegen

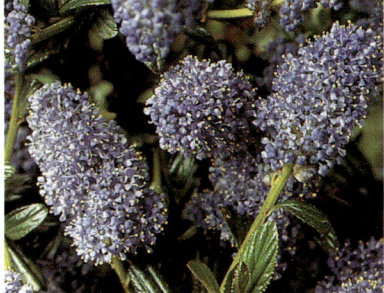

Ziergehölze können sehr alt werden und auch dann noch üppig blühen und Früchte bilden. Voraussetzung ist, daß Sie sie sorgfältig aussuchen, sachgemäß pflanzen und richtig pflegen. Alles Nötige erfahren Sie auf den folgenden Seiten.

Foto oben: Die Säckelblume, Ceanothus-Hybride 'Gloire de Versailles', blüht in der bei Ziergehölzen seltenen Farbe Blau.
Foto links: Ein von Ziergehölzen beschatteter Garten-Pavillon ist ein lauschiger Ort, um sich nach der Gartenarbeit auszuruhen.

Ziergehölze kaufen

Ziergehölze guter Qualität führen Betriebe, die dem Bund deutscher Baumschulen (Adresse → Seite 63) angehören. Schauen Sie sich vor dem Kauf die Gehölze gut an und achten Sie auf:
• Etiketten mit exakter Art- und Sortenbezeichnung
• kräftigen, verletzungsfreien Wuchs
• Freiheit von Krankheiten und Schädlingen
Baumschulen bieten Gehölze in folgenden Formen an:
Stammbüsche sind gut verzweigte Exemplare von mindestens 2,5 m Höhe.
Heister sind baumartige Pflanzen, aber noch ohne kräftige Krone.
Hochstämme haben einen geraden, unverzweigten Stamm von mindestens 1,8 m Höhe.
Solitäre sind ältere Bäume oder Sträucher, mit bereits typischer Wuchsform.
Mit oder ohne Ballen.
• Gehölze mit nackten Wurzeln sind am billigsten, aber Immergrüne und etliche andere Arten können so nicht verpflanzt werden.
• Pflanzen mit Ballen kosten mehr, da die Anzucht etwas aufwendiger ist.
• Containerpflanzen sind noch teurer, sie sitzen in Kunststoffbehältern.
Pflanzzeit. Gehölze mit nackten Wurzeln oder Ballen werden im Frühjahr und Herbst während der Ruhephase gepflanzt. Containerpflanzen können noch im Sommer gesetzt, müssen jedoch gründlich gewässert werden.
Mein Tip: Möglichst nur im Frühjahr oder Herbst pflanzen, denn Containerpflanzen wachsen oft nur langsam an.

Gehölze vermehren

Gehölze können durch Samen (generativ) oder die Bewurzelung von Pflanzenteilen (vegetativ) vermehrt werden.
Die Aussaat ist eine billige, aber Geduld erfordernde Art der Vermehrung. Die Sämlinge erben aber oft nicht die guten Eigenschaften der Eltern und viele Zuchtsorten sind unfruchtbar. Auch ist Samen kaum zu kaufen und für die Aussaat sind viele Kenntnisse nötig, sodaß sich für den Gartenbesitzer die zweite Vermehrungsform empfiehlt.
Die vegetative Vermehrung erbringt relativ rasch Jungpflanzen, die genau die Merkmale der Mutterpflanzen aufweisen. Sie kann auf unterschiedliche Weise erfolgen:
• Sommerstecklinge: Die günstigste Zeit hierfür sind August und September. Schneiden Sie 10–15 cm lange, nur leicht verholzte Triebteile knapp unter dem Blattknoten ab. Nach dem Entfernen der unteren Blätter oder Nadeln stecken Sie die Enden in Bewurzelungspulver und dann etwa 2 cm tief in einen Tontopf mit Anzuchterde. Eine durchsichtige Plastikhaube, die mit Draht oder Stäbchen stabil gehalten wird, sorgt für »gespannte« (feuchte) Luft und erleichtert die Wurzelbildung.
• Steckhölzer: Sind die häufigste Art, Laubgehölze zu vermehren. Im Spätherbst oder Winter wird nach dem Blattfall von einem diesjährigen, aber ausgereiften, verholzten Trieb die Spitze weggeschnitten und dieser mit schrägem Schnitt in etwa 25–30 cm lange Stücke zerteilt. Die untere Schnittfläche sollte immer kurz unter einer Knospe liegen. Die Steckhölzer werden gebündelt, in feuchten Sand eingeschlagen und kühl gelagert. Im zeitigen Frühjahr, sobald die Erde offen ist, steckt man die einzelnen Hölzer in ein gut gelockertes Beet, wobei die oberen Knospen aus der Erde ragen müssen. Die Wurzelbildung setzt dann rasch ein. Flieder, Geißblatt, Sommerflieder, Weigelie, Liguster, Rosen, Deutzie, Forsythie und Weiden lassen sich so problemlos vermehren.
• Ausläufer: Einige Arten bilden unter der Erde Ausläufer, aus denen neue Pflanzen heranwachsen. Sie werden einfach mit dem Spaten durchtrennt, die neue Pflanze ausgegraben

Kaufen und vermehren

Buchs und viele Klettergehölze lassen sich leicht vermehren.

und an anderer Stelle wieder eingepflanzt. Sanddorn, Robinie, Holunder und Berglorbeer können Sie so vermehren.

• Absenker: Bodennahe Triebe werden im Frühsommer heruntergebogen und mit einem Drahthaken unter der Erde fixiert, während die Triebspitze oben herausschaut. Anschließend gut feucht halten! Sobald sich Wurzeln gebildet haben,

trennt man die Jungpflanzen ab und versetzt sie. So vermehren Sie Rhododendron, Magnolie, Perückenstrauch, Hartriegel, Echten Jasmin, Scheinquitte, Schneeball und viele Klettergehölze.

• Teilung: Gehölze, die aus dem Wurzelstock willig neu austreiben, können im Frühjahr oder Herbst je nach Größe mit dem Messer oder Spaten in

Teile zerlegt und diese sofort wieder gepflanzt werden. Hierfür eignen sich Rhododendron, Felsenbirne, Holunder, Immergrün, Mahonie, Berberitze, Spierstrauch und Deutzie.

Der Boden

Gehölze wachsen am besten in lockeren, humusreichen Böden, die gut Wasser, Luft, Nährstoffe sowie Wärme speichern und an Pflanzen abgeben können. Guter Boden besitzt sowohl feine als auch grobe Partikel, zerfällt in der Hand in lockere Krümel, enthält Regenwürmer und riecht aromatisch nach Erde.

Bodenarten. Jede Gartenerde enthält neben organischen Bestandteilen wie Humus auch mineralische, die die Bodeneigenschaften beeinflussen. Nehmen Sie eine Handvoll Ihrer Gartenerde und pressen Sie sie im Handballen zusammen:

• Ein Tonboden liegt vor, wenn Sie die Erde zu einer dünnen Teigrolle formen können, die glänzt und klebrig ist. Er ist ein sehr schwerer Boden, der quellen und viel Wasser speichern kann, schlecht durchlüftet ist, sich nur langsam erwärmt, bei Regen verschlämmt und bei Trockenheit reißt. Er enthält zwar viele Nährstoffe, die für die Pflanzen aber schlecht verfügbar sind. Auf ihm gedeihen nur einige robuste Wildgehölze. Vor der Pflanzung von Ziergehölzen sollten Sie solche Böden unbedingt verbessern: Heben Sie das Pflanzloch großzügig aus und lockern Sie den Boden zwei Spaten tief. Arbeiten Sie reichlich Sand und Kompost im Verhältnis von 1:1 ein.

• Ein Lehmboden liegt vor, wenn die Erde zu Krümeln zerbröckelt. Er ist ein mittelschwerer, nährstoffreicher Boden, der Wasser speichern kann, aber auch gut durchlüftet ist und sich gut erwärmt. Eine Verbesserung ist hier nicht nötig, regelmäßiges Mulchen (→ unten) aber durchaus empfehlenswert.

• Ein Sandboden liegt vor, wenn sich die Erde nicht formen läßt und durch Ihre Finger rieselt. Er ist ein sehr leichter Boden, der sich rasch erwärmt, gut belüftet und leicht zu bearbeiten ist. Allerdings kann er weder Wasser noch Nährstoffe halten, trocknet schnell aus, und Dünger wird ausgeschwemmt. Hier sollten sie reichlich lehmhaltigen Kompost einarbeiten und dazu häufig mulchen.

Der pH-Wert: Er sagt etwas über den Säuregrad des Bodens aus: Neutraler Boden hat den pH-Wert 7, liegt er darunter, ist der Boden sauer, Werte über 7 zeigen einen alkalischen, kalkhaltigen Boden an. Der ideale pH-Wert für die meisten Gehölzarten liegt zwischen 6-7, also im schwach sauren Bereich. Einige Gehölze haben besondere Ansprüche (→ Tabellen, Seite 14/15 und 18/19). Stark saure Böden bieten den meisten Pflanzen und Bodenlebewesen ungünstige Lebensbedingungen. Durch Kalkung können sie verbessert werden. Sehr alkalische Böden wiederum enthalten zu viel Kalk, der Nährstoffe und Spurenelemente bindet, die so den Pflanzen nicht zur Verfügung stehen. Torfersatz oder Torf helfen, den pH-Wert zu senken.

Mein Tip: Der pH-Wert ist leicht meßbar mit Indikatorstäbchen aus dem Fachhandel oder einem speziellen Boden-Testset. Vor der Neuanlage eines Gartens sollten Sie ihn unbedingt messen und gegebenenfalls verbessern.

Nährstoffgehalt: Exakte Werte darüber liefert nur eine Bodenanalyse, die von öffentlichen und privaten Instituten (→ Branchenbuch) durchgeführt wird. Bei einem intensiv genutzten Garten ist sie durchaus empfehlenswert, denn Sie erhalten mit dem Ergebnis auch Düngeempfehlungen und können Fehler vermeiden. Über die genauen Kosten und die Vorgehensweise beim Einsammeln der Bodenproben informiert Sie Ihr Institut.

Verdichteten Boden verbessern: Durch Bautätigkeit stark verdichtete Böden müssen vor der Neuanlage eines Gartens maschinell mit einem sogenannten Grubber gelockert werden. Dies erledigen Landschaftsbau-Betriebe. Kleine Flächen können Sie im Herbst zwei Spaten tief umgraben. Vor

Boden vorbereiten und verbessern

einer Bepflanzung empfiehlt sich noch eine Gründüngung, indem Sie im Frühjahr Bienenfreund (*Phacelia tanacetifolia*) oder Senf (*Sinapis alba*) breitwürfig aussäen. Diese Arten führen dem Boden Stickstoff zu und lockern ihn durch ihre tiefen Wurzeln. Im Herbst die Pflanzen in den Boden einarbeiten.

Moorboden verbessern. Er ist sauer, stark torfhaltig, wasserhaltend, nährstoffarm und läßt sich wie ein Schwamm zusammenpressen. Er eignet sich zwar für Moorbeetpflanzen wie Rhododendren, die meisten anderen Gehölze gedeihen darin aber kaum. Mischen Sie zur Verbesserung Sand, Lehm, Kompost und Kalk unter.

Moorbedingungen schaffen. Rhododendren brauchen aufwendige Vorbereitungen, wenn sie in kalkhaltige Böden gepflanzt werden sollen:
• Das Pflanzloch doppelt so tief und breit ausheben wie für den Ballen erforderlich.
• In die Pflanzgrube eine 20 cm starke Schicht Rhododenron-Spezial-Erde einbringen, Ballen hineinstellen und den Rest des Loches mit Spezialerde auffüllen.

• Später regelmäßig auf den Wurzelbereich eine 20 cm dikke Torfschicht aufbringen.

Mulchen

Darunter versteht man das Abdecken der Bodenoberfläche mit organischem Material wie reifem Kompost, gut verrottetem Mist, Laub, Rinde, trockenem Rasenschnitt, Schnittgut von Laubhecken oder Stroh. Die Schicht sollte etwa 4–6 cm dick aufgetragen werden. Gesundes Fallaub Ihrer Ziergehölze ist ein ausgezeichnetes Material zum Mulchen. Nur die gerbsäurehaltigen Blätter von Kastanie, Eiche und Walnuß sind nicht geeignet.
Die Mulchschicht hilft:
• die Feuchtigkeit im Boden zu halten und dadurch den Gießaufwand zu vermindern,
• Temperaturen im Boden auszugleichen,
• insbesondere auch Frostschäden zu verhindern,
• das Leben von wertvollen Bodenorganismen zu fördern,
• die Fruchtbarkeit zu verstärken,
• unerwünschten Wildkräuterwuchs zu unterdrücken,
• Erosion durch Regen und Wind zu vermeiden.

Rhododendren brauchen sauren Boden.

Praxis: Gehölze pflanzen

Die Vorgehensweise richtet sich danach, welche Art Sie erworben haben, und ob die Wurzeln nackt oder mit Erdballen vorliegen.

Gehölze wässern
Zeichnung 1

Gehölze mit nackten Wurzeln können leicht austrocknen. Stellen Sie sie gleich für ein paar Stunden in ein Gefäß mit Wasser. Kommen Sie nicht sofort zur Pflanzung, schlagen Sie die gewässerten Wurzeln im Garten vorläufig in Erde ein und halten Sie diese gleichmäßig feucht.

Pflanzschnitt
Zeichnung 2

Faule und geknickte Wurzeln sauber abschneiden. Die Wurzeln generell um etwa 1/3 einkürzen, das regt die Neubildung von Faserwurzeln an. Zum Ausgleich bei den meisten Laubgehölzen auch die Kronentriebe um ein Drittel zurücknehmen. Sommerblüher wie Bartblume (*Caryopteris* x *clandonensis*), Hortensie (*Hydrangea*-Arten) und Schmetterlingsstrauch (*Buddleja*-Arten) werden bis auf eine Trieblänge von 30 cm eingekürzt.

Mein Tip: In der Baumschule können Sie den Pflanzschnitt bereits beim Kauf machen lassen.

Klettergehölze an Mauer pflanzen
Zeichnung 3

Bringen Sie zuerst die Kletterhilfe an. Heben Sie dann das Pflanzloch in 20 cm Abstand zur Wand aus und schützen Sie diese durch eine Kiesschicht – eventuell mit Folienauflage – vor Nässe. Klettergehölze werden oft im Container angeboten, entfernen Sie ihn vom Wurzelballen, notfalls aufschneiden. Setzen Sie den Ballen in leichter Schräglage ein, sodaß sich die oberirdischen Pflanzenteile zur Halterung neigen. Erde auffüllen. Wenn nötig, Triebe anbinden. Die Hauswand gibt Wärme ab, deshalb regelmäßig gießen.
Bei der Pflanzung von Klettergehölzen an freistehende Kletterhilfen gehen Sie genauso vor. Zuerst die Konstruktion stabil im Boden verankern.

3 Klettergehölze an eine Mauer pflanzen.

Rosen pflanzen
Zeichnung 4

Rosen sind Tiefwurzler, deshalb Pflanzloch so tief ausheben, daß die Veredlungsstelle – kenntlich an einer Verdickung oberhalb des Wurzelstocks – etwa 5 cm unter der Erdoberfläche liegt. Mit Erde auffüllen und zu einem Gießrand andrücken. Gründlich wässern.

Rosen anhäufeln
Zeichnung 5

Frisch gepflanzte Rosen und auch eingewachsene jeden Herbst

1 Wässern der Wurzeln vor der Pflanzung.

2 Pflanzschnitt an den nackten Wurzeln.

mit Erde anhäufeln, um sie vor Frost und dem Austrocknen zu schützen. Sobald sich im Frühjahr ein Austrieb zeigt, die Erde abhäufeln und verteilen.

Baum pflanzen
Zeichnungen 6-9

Gehen Sie in dieser Reihenfolge vor:
• Pflanzloch vorbereiten (→ Zeichnung 6): Das Pflanzloch ausheben, doppelt so groß wie der Wurzelstock oder -ballen. Die unterste Bodenschicht gut lockern, die Pflanzerde mit einigen Schaufeln reifen Kompost anreichern. Keinen Mineraldünger oder frischen Mist verwenden, da sonst die

Wurzeln Schaden nehmen. Wird ein Stützpfahl benötigt, diesen vor dem Einsetzen einrammen, damit die Wurzeln nicht verletzt werden.
• Baum einsetzen (→ Zeichnung 7): Pflanze gerade und mittig ins Pflanzloch stellen, etwas Erde hineingeben, Gehölz ganz leicht heben und rütteln, damit alle Hohlräume mit Erde gefüllt werden. Mit Kokosstrick anschließend in Form einer 8 am Pfahl festbinden.
Nicht zu tief pflanzen: Die Ballenoberkante muß mit der Bodenoberfläche auf gleicher Höhe liegen. Anschließend Pflanzloch mit Erde auffüllen und gefühlvoll zum Gießrand antreten.

4 Pflanzen und Gießen von Rosen.

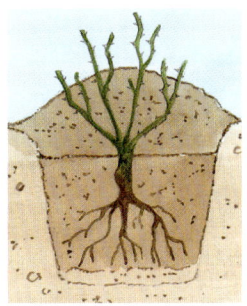

5 Anhäufeln von Rosen im Herbst.

Wichtig: Wenn der Ballen von einem Tuch umhüllt ist, knoten Sie es nur über dem Wurzelhals auf, es wird verrotten.
• Baum angießen (→ Zeichnung 8): Sofort nach dem Pflanzen und bei längerer Trockenheit durchdringend gießen, indem Sie die Baumscheibe bis zum Gießrand füllen. Dabei

aber nur einen sanften Wasserstrahl verwenden.
• Baumscheibe mulchen (→ Zeichnung 9): Eine dicke Mulchschicht zum Beispiel aus gehäckselter Rinde (→ Seite 45) ausbringen. Sie zersetzt sich langsam und wird dann in den Boden eingearbeitet. Mulchschicht regelmäßig erneuern.

6 Pflanzloch graben, Pfahl einschlagen.

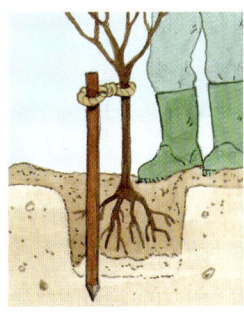

7 Einsetzen und Anbinden des Baums.

8 Angießen des frisch gepflanzten Baums.

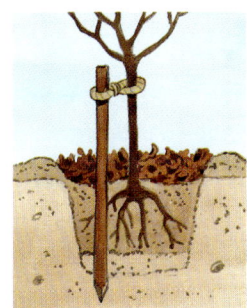

9 Mulchen der ganzen Baumscheibe.

Mit gutem Werkzeug und zur richtigen Zeit geschnitten: Immergrüne Oase.

In Form gebracht

Durch den Schnitt wird die Blühfreudigkeit erhalten, ein kräftiger Austrieb angeregt und ein Vergreisen der Gehölze verhindert. Wichtig ist es, geeignete Werkzeuge zu benützen und die Arbeiten zum richtigen Zeitpunkt durchzuführen. Die Schnitt-Grundregeln finden Sie auf der folgenden Seite.

Das richtige Werkzeug:
Im Fachhandel werden Sie eine große Auswahl finden:
• Die Gartenschere eignet sich für das Schneiden junger Triebe bis etwa 2 cm Stärke.
• Die Astschere mit kräftigen Hebelarmen bewältigt noch Zweige bis zu 5 cm Stärke.
• Die Baumsäge, am besten eine verstellbare Bügelsäge, wird mit größeren Ästen fertig.

• Die Hippe, ein scharfes Messer mit gebogener Klinge, wird zum Säubern von Schnitträndern verwendet.
• Die Heckenschere erleichtert das exakte Schneiden von Hecken.
Wichtig: Alle Werkzeuge müssen geschärft sein, damit glatte Schnittflächen entstehen.
Unfallschutz. Tragen Sie zum Schutz vor Verletzungen im-

mer kräftige Gartenhandschuhe. Arbeiten sie nie mit halbverrostetem, stumpfen Werkzeug, denn dabei passieren leicht Verletzungen, die sogar eine Blutvergiftung nach sich ziehen können. Verwenden Sie nur Leitern, die vom TÜV geprüft sind und beachten Sie die Sicherheitsvorschriften.

<u>Wann schneiden?</u> Sommer- und herbstblühende Arten werden im Frühjahr an einem frostfreien Tag geschnitten. Frühjahrsblüher hingegen, die ihre Knospen bereits im Vorjahr angelegt haben, schneiden Sie besser erst nach der Blüte, sonst bringen Sie sich um den Flor.

Hecken werden am besten nicht vor Ende Juni geschnitten, damit sie nicht so stark nachtreiben.

Sonderfall Rose

Rosen brauchen je nach Wuchs und Verwendung im Frühjahr den passenden Schnitt:

<u>Beetrosen</u> würden ohne Schnitt zu hoch werden und nur wenig blühen.

• Schwach wachsende Beetrosen werden auf 3–4 Knospen (Augen) pro Trieb zurückgeschnitten (10–15 cm Höhe).

• Lassen Sie nicht weniger als 3 Augen stehen, denn sonst treibt die Rose erst spät aus, da sich Triebe aus den tiefer liegenden Knospen, den »schla-

fenden Augen« nur langsam entwickeln.

• Mittelstark wachsende Beetrosen auf 4–6 Augen (15–25 cm Höhe) kürzen.

• Stark wachsende Beetrosen werden auf 8 Augen zurückgenommen.

• Zurückgefrorene Triebe ganz entfernen.

Mein Tip: Erscheint eine Rose abgestorben, schneiden Sie sie ausnahmsweise bis kurz über dem Boden zurück, aus den »schlafenden Augen« können sich noch frische Triebe bilden.

<u>Beetrosen-Sommerschnitt:</u> Bei allen öfterblühenden Rosenarten (Remontantrosen) sollen abgeblühte Triebe um 2–3 Blattetagen eingekürzt werden, um die kräftezehrende Bildung von Hagebutten zu verhindern und einen kräftigen Neuaustrieb einzuleiten.

Wichtig: Bei einmalblühenden Sorten ist ein Sommerschnitt zwecklos, bei ihnen sind gerade die Hagebutten von besonderem Zierwert.

<u>Schnitt von Kletterrosen:</u> Lassen Sie dicke Haupttriebe stehen, die am Spalier das Gerüst der Pflanze bilden. Die Seitentriebe aber auf etwa 3–4 Augen zurückschneiden. Daran entwickeln sich die Blütenknospen.

<u>Schnitt von Rosen-Hochstämmchen:</u> Sie benötigen ähnlich wie die Beetrosen einen kräftigen Rückschnitt, um eine buschige,

kompakte Krone zu bilden. Auf Stämmchen veredelte Kletterrosensorten, die kaskadenförmig herabhängende Kronen entwickeln, erhalten nur einen Auslichtungsschnitt (→ Praxis Seite 50).

Heckenschnitt

Hecken aus schnittverträglichen Sträuchern wie Buchs (*Buxus sempervirens*), Eibe (*Taxus baccata*), Scheinzypresse (*Chamaecyparis*-Arten), Berberitze (*Berberis julianae*), Liguster (*Ligustrum*-Arten) und Hainbuche (*Carpinus betulus*, zu Hecken → auch Seite 30/31), werden am günstigsten trapezförmig geschnitten, also unten breiter als oben, damit in die unteren Partien mehr Licht gelangt. Nadelgehölze nicht ins alte Holz schneiden, sonst verkahlt die Hecke leicht, und es entstehen Lücken. Lediglich die Eibe (*Taxus baccata*) kann nach solch einer radikalen Behandlung noch einmal durchtreiben. Dagegen führt der Schnitt bis kurz über den Vorjahrestrieb zu einem verstärkten Austrieb und zu kompaktem, üppigem Wuchs. Praktische Hilfsmittel sind Schnur und Latte, mit denen Sie die gewünschte Form markieren können.

Praxis: Schnitt

Richtig schneiden ist gar nicht schwer. Vorausgesetzt, Sie verwenden geeignetes Werkzeug, wählen den richtigen Zeitpunkt (→ Seite 48/49), und beachten die folgenden Grundregeln:

Triebe schneiden
Zeichnung 1

Der Schnitt erfolgt etwa 0,5–1 cm oberhalb einer nach außen weisenden Knospe. Die Schnittfläche verläuft schräg nach außen ansteigend. Dadurch wird verhindert, daß Regenwasser in die Knospe eindringt und zu Fäulnis führt. Der Abstand zur Knos-

pe sollte nicht größer sein, weil sonst ein häßlicher Stummel stehenbleibt, der zurückfault. Bei einem Schnitt zu knapp über der Knospe könnte diese vertrocknen.

Äste herausnehmen
Zeichnungen 2 bis 4

Große Äste haben ein beträchtliches Eigengewicht und würden splitternd abbrechen, wenn man sie einfach direkt am Stamm absägt. Das führt zu großen Wunden, die der Baum nur schlecht wieder schließen kann. Um dies zu vermeiden, gehen Sie am besten wie folgt vor:

• Etwa 20 cm vom Stamm entfernt den Ast nur etwa bis zur Hälfte von unten her ansägen.
• Etwa 10 cm weiter außen einen zweiten Schnitt von oben ansetzen und am Ast sägen, bis er unter seinem Gewicht bis hin zur ersten Schnittstelle abbricht.
• Den Aststumpf jetzt möglichst glatt am Stamm absägen.
• Soweit nötig, ausgefranste Schnittränder mit einem speziellen Messer, der Hippe, glattschneiden und lose Rindenteile entfernen. Verstreichen Sie die Schnittwunde noch mit Baumwachs als Schutz vor Krankheitserregern. So werden auch größere Schnittflächen noch gut verheilen.

1 Triebe fachgerecht abschneiden.

Aufbauschnitt
Zeichnung 5

Wenn Sie Gehölze schon von Anfang an regelmäßig auslichten und eine lichtdurchflutete, gleichmäßige Krone aufbauen, müssen Sie später keine größeren, oft sehr arbeitsaufwendigen Korrekturen mehr vornehmen. Das Gehölz wird Ihnen mit besonderer Blütenfülle danken.

5 Der Aufbauschnitt kommt mit kleineren Eingriffen im Randbereich des Strauches aus.

6 Der Auslichtungsschnitt erfordert kräftigeres Durchgreifen bis ins Zentrum des Strauches.

So gehen Sie vor:
• Schneiden Sie stets oberhalb einer nach außen zeigenden Knospe. Durch ihren Austrieb ergibt sich ein lockerer Aufbau des Strauches.
• Abgestorbene, nach innen wachsende und sich kreuzende Triebe herausnehmen.
• Kranke Teile bis ins gesunde Holz zurückschneiden.
• Nicht mehr blühfähiges Holz entweder ganz entfernen oder oberhalb einer Verzweigung herausnehmen.
Wichtig: Je stärker der Rückschnitt, desto kräftiger wird der Neuaustrieb ausfallen. Übertreiben Sie nicht, denn der arttypische Wuchs soll erhalten bleiben.

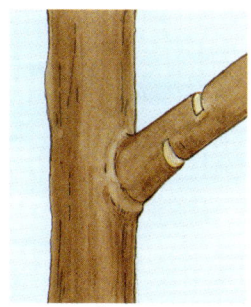

2 Große Äste in Etappen kappen.

3 Aststumpf am Stamm absägen.

4 Schnittränder sorgfältig glätten.

Auslichtungsschnitt
Zeichnung 6

Nach einigen Jahren wachsen viele Gehölze zu dicht, und es muß etwas kräftiger eingegriffen werden.
• Bei Arten, deren Triebe direkt aus dem Boden sprießen, wie zum Beispiel der Haselnuß (*Corylus avellana*), dem Maiblumenstrauch (*Deutzia gracilis*), und der Weigelie

7 Der Verjüngungsschnitt wird ziemlich radikal bis knapp über dem Boden vorgenommen.

(*Weigela*-Hybriden), können Sie die ältesten Bodentriebe gleich an der Basis entfernen, damit junges Holz von unten durchtreibt. Lassen Sie aber noch mehrere ältere Bodentriebe stehen.
• Sträucher und Halbsträucher, die an einjährigen Trieben blühen, stutzen Sie etwa zwei Handbreit über dem Boden, damit sie kräftig austreiben und zahlreiche Blüten ansetzen. Zu ihnen gehören die Bartblume (*Caryopteris* x *clandonensis*), die Säckelblume (*Ceanothus*-Hybriden), das Johanniskraut (*Hypericum calycinum*) und der Spierstrauch (*Spiraea albiflora* und andere Arten und Hybriden).

Verjüngungsschnitt
Zeichnung 7

Ist ein Gehölz jahrelang nicht geschnitten worden, sehr verkahlt und überhaupt nicht mehr wuchs- und blühfreudig, ist ein radikaler Rückschnitt im Spätherbst empfehlenswert:
Sträucher. Die alten, vergreisten Triebe sollten etwa 30–40 cm über dem Boden abgeschnitten werden, damit ein kräftiger Neuaustrieb von unten her erfolgt.
Bäume. Schneiden Sie die alten Äste der Krone knapp oberhalb einer Verzweigung zu einem nach außen weisenden jüngeren Trieb ab.

Widerstandskräfte und Nützlinge fördern

Vorbeugen ist besser als heilen, deshalb wählen Sie grundsätzlich Gehölze, die unter den in Ihrem Garten gegebenen Bedingungen gut gedeihen. Heimische Bäume und Sträucher sind weniger anfällig als Gehölze aus fremden Klimazonen. Ein guter, krümeliger, humoser Boden mit einem aktiven Bodenleben und deckender Mulchschicht sowie ausreichend Wasser und Nährstoffe kräftigen die Pflanzen zusätzlich und machen sie resistenter.

Wichtig: Die häufigsten Krankheiten und Schädlinge und deren Bekämpfung finden Sie auf der folgenden Doppelseite. Aber nicht gleich jede Blattlaus ist lebensbedrohend für Gehölze und verlangt umgehend nach harten Maßnahmen. In freier Natur gibt es Nützlinge, also natürliche Feinde, die Schädlinge fressen. Sie stellen sich jedoch nur ein, wenn ein Mindestmaß an Schädlingen toleriert wird – sonst haben sie keine Nahrungsgrundlage und verhungern. Marienkäfer, Florfliege, Schwebfliege, Ohrwurm, Spinnen und Vögel helfen eifrig mit, Läuse und andere Insekten zu vertilgen. Kröten, Frösche und Igel lieben Schnecken, Larven und Raupen.

<u>Nützlinge fördern.</u> Nützlinge finden ihre Lebensräume in Gärten, die nicht zu aufgeräumt und ordentlich sind. Für Igel sind Haufen aus Zweigen vom Gehölzschnitt ideal zum Überwintern. Ein auf den Kopf gestellter, mit Holzwolle gefüllter Blumentopf, den man in Bäume hängt, dient den nachtaktiven Ohrwürmern tagsüber als Schlafplatz. Nistkästen in hohen Sträuchern und Bäumen bieten Vögeln Brutplätze. Schilfrohrbündel oder Holzklötze mit eingebohrten Löchern dienen Schlupfwespen als Winterquartier.

Naturverträgliche Mittel

Auszüge aus Pflanzen können Krankheiten vorbeugen, da sie das Zellgewebe kräftigen und keimtötend wirken. Sie helfen zum Teil auch bei eingetretenem Krankheits- und Schädlingsbefall. Eine genaue Aufstellung finden Sie in der Tabelle gegenüber.

Es gibt vier Möglichkeiten, diese Auszüge herzustellen:
• Für Brühen werden die Pflanzenteile einen Tag in kaltem Wasser eingeweicht und dann aufgekocht.
• Tees brühen Sie wie einen Kräutertee auf und lassen sie 15 Minuten ziehen.
• Beim Kaltwasserauszug weichen Sie frische oder getrocknete Blätter in Wasser ein und lassen sie 1–3 Tage stehen. Er darf nicht gären, unverdünnt spritzen.
• Jauchen werden genauso angesetzt, müssen aber 10–14 Tage gären, nur verdünnt spritzen.
• Spritzung: Die so entstandenen Auszüge werden abgeseiht und mit der Gartenspritze ausgebracht. Die übriggebliebenen Pflanzereste eignen sich als Mulchmaterial.

<u>Schmierseifen-Lösung</u> wirkt gegen Läuse und ist ungiftig. Je nach Befall 150 bis 300 g reine Schmierseife aus der Drogerie in einem Eimer mit 10 l heißem Wasser auflösen und erkalten lassen. Dann unverdünnt über befallene Pflanzen sprühen.

<u>Algenkalk und Gesteinsmehl</u> wirken gegen Pilze, die sich auf den Ausscheidungen der Läuse angesiedelt haben.

<u>Paraffinöl-Präparate</u> werden als Austriebsspritzmittel eingesetzt. Sie sind für den Menschen ungiftig, überziehen tierische Schädlinge, Eier und Larven mit einem Ölfilm und ersticken diese. Auch Nützlinge werden vernichtet, setzen Sie deshalb Paraffinöle nur bei stärkerem Befall ein.

<u>Pyrethrum-Präparate</u> gegen Insekten gelten als biologisch und »ungiftig«. Sie wirken aber genauso gegen Nutzinsekten und können bei empfindlichen Personen sogar Allergien auslösen. Beschränken Sie deshalb die Anwendung auf den Notfall.

PFLANZEN MIT KRÄUTERN SCHÜTZEN

Pflanze	Zutaten für 10 l	Zubereitung/ Mischung	Anwendung/ Verdünnung	Wirkung
Beinwell, Comfrey	1 kg frische Blätter oder 150 g getrocknetes Kraut	Jauche, vermischt mit Brennesseln	Flüssigdünger, 1:10 während der ganzen Vegetationszeit	allgemein pflanzenstärkend kalireich
Brennessel	1 kg frische Blätter oder 150 g getrocknetes Kraut	Jauche, vermischt mit Beinwell, Schachtelhalm Kaltwasserauszug	Flüssigdünger 1:10 Blattspritzung 1:20 unverdünnt	allgemein pflanzenstärkend und insektenabwehrend; gegen Blattläuse
Farnkraut (Adler- oder Wurmfarn)	1 kg frische Blätter oder 100 g getrocknetes Kraut	Jauche oder Brühe	im zeitigen Frühjahr spritzen, 1:10	gegen verschiedene Läusearten
Rainfarn	300 g frische Blätter oder 30 g getrocknetes Kraut	Tee, vermischt mit Schachtelhalm-Tee	Winterspritzung unverdünnt über Pflanzen, Sommerspritzung auf Blätter und Boden, 1:2–1:3	gegen Milben und anderes Ungeziefer; gegen Rost und Mehltau
Schachtelhalm	1 kg frisches Kraut oder 150 g getrocknetes Kraut	Brühe oder Jauche, vermischt mit Brennnesseln	Frühling bis Spätsommer, möglichst an sonnigen Vormittagen, 1:5	stärkt die Abwehrkräfte gegen Pilzerkrankungen wie Mehltau, Schorf, Rost, Blattfleckenkrankheit
Wermut	300 g frisches Kraut oder 30 g getrocknetes Kraut	Tee Jauche	im Frühling unverdünnt über die Pflanzen im Sommer 1:3 im Herbst 1:2	Abwehr von Ameisen, Läusen, Raupen; auch gegen Säulenrost; Sommer - und Herbstspritzung gegen Blattläuse und Wickler
Zwiebeln oder/und Knoblauch	500 g Zwiebeln oder/und Knoblauch	Jauche, vermischt mit einigen Blättern von Schwarzer Johannisbeere	auf Boden und Baumscheiben gießen, 1:10	stärkt die Abwehrkräfte gegen Pilzerkrankungen
Tomaten	2 Handvoll Geiztriebe oder Blätter auf 2–3 l	Kaltwasser-Auszug, zerdrückte Pflanzenteile 3 Stunden ziehen lassen	unverdünnt gießen	gegen Raupen

Schäden erkennen

Selbst gesunde Gehölze sind nicht völlig vor Schädlingen und Krankheiten gefeit. Beobachten Sie deshalb regelmäßig die Pflanzen, um rechtzeitig eingreifen zu können. Schäden lassen sich aber nur dann erfolgreich bekämpfen, wenn der Verursacher eindeutig ausgemacht wurde. Schließen Sie zunächst aus, daß es sich lediglich um Pflegefehler oder die Folgen von extremen Witterungsverhältnissen handelt. Sind Sie sich über den Verursacher nicht sicher, können Sie sich an das nächste Pflanzenschutzamt oder Universitätsinstitut wenden.

Einfache Bekämpfungsmaßnahmen

Nicht immer ist gleich der Griff zur Chemie nötig. Oft hilft der Einsatz von Pflanzenauszügen (→ Seite 53). Auch das einfache Absammeln von Schädlingen oder das Anbringen von Leimringen am Stamm zeigen oft gute Wirkung. Pilzinfektionen wie Grauschimmel, Mehltau und Rost können durch einen Rückschnitt bis ins gesunde Holz bekämpft werden. Die befallenen Pflanzenteile vernichten und nicht kompostieren. Ständig kränkelnde Gehölze besser durch robustere ersetzen.

Die fünf häufigsten Schädlinge

Blattlaus
Schadbild: Grüne, rosarote, braune oder schwarze Insekten sitzen an Blättern, Trieben oder Blüten, diese kräuseln sich. Abhilfe: Mit Schmierseifen-Lösung oder Pflanzenauszügen (→ Seite 53) spritzen. Nützlinge fördern.

Schildlaus
Schadbild: Klebrige Blätter und Blattfall, an Blättern und Trieben kleine, bräunliche Höcker, darunter sitzen Läuse. Abhilfe: Höcker abbürsten, mit Schmierseifen-Lösung spritzen, bei starkem Befall mit Paraffinöl.

Dickmaulrüßler
Schadbild: Sägezahnartiger Blattfraß durch schwarze Käfer, die Larven fressen im Boden an Wurzeln, die Pflanzen welken. Abhilfe: Käfer und Larven absammeln. Mit Wermut-Auszügen (→ Seite 53) spritzen.

Wollaus
Schadbild: Mit wollartigen, weißen Wachsausscheidungen überzogene Insekten sitzen an Blättern und Trieben. Abhilfe: »Wolle« abbürsten und dann mit Schmierseifen-Lösung spritzen, bei starkem Befall mit Paraffinöl.

Spinnmilbe
Schadbild: Winzige weiße oder rote Milben auf Nadel- und Blattunterseiten. Nadeln und Blätter zeigen gelbe Punkte, sind von Gespinst überzogen. Abhilfe: Austriebsspritzung mit Paraffinöl, später Pyrethrum-Präparate.

Chemische Spritzmittel

Wenn ein Befall an einer wertvollen Pflanze solche Ausmaße angenommen hat, daß sie Schaden nimmt, können chemische Pflanzenschutzmittel eingesetzt werden, sofern die Ursache eindeutig bestimmt ist. Die Mittel sowie Rat und Hilfe erhalten Sie im Fachhandel. Beachten Sie allgemein folgendes:

• Halten Sie sich an die Gebrauchsanweisung.
• Verwenden Sie die vorgeschriebene Konzentration.
• Arbeiten Sie mit Handschuhen und Schutzkleidung.
• Atmen Sie den Sprühnebel nicht ein.
• Essen oder Rauchen Sie nicht während des Spritzens.
• Spritzen Sie nicht in geöffnete Blüten.
• Behandeln Sie auch die Blattunterseiten.
• Reinigen Sie Spritzgeräte nach dem Gebrauch sorgfältig.
• Bewahren Sie die Mittel in den Originalgefäßen auf, nie zusammen mit Lebensmitteln, stets sicher verschlossen und für Kinder und Haustiere unerreichbar.
• Schütten Sie Reste nicht weg, sie müssen als Sondermüll entsorgt werden.

Die fünf häufigsten Krankheiten

Grauschimmel
<u>Schadbild:</u> Blätter, Blüten und Triebe hängen trotz ausreichender Feuchtigkeit schlaff herab und sind mit einem grauen Belag überzogen. <u>Abhilfe:</u> Befallene Triebe bis ins gesunde Holz zurückschneiden und vernichten.

Echter Mehltau
<u>Schadbild:</u> Weißer, mehlartiger, abwischbarer Belag auf Blättern, Blüten und jungen Trieben. <u>Abhilfe:</u> Befallene Triebe bis ins gesunde Holz zurückschneiden und vernichten. Mit Rainfarn-Auszug spritzen (→ Seite 53).

Falscher Mehltau
<u>Schadbild:</u> Auf Blattunterseite schmutzigweißer Belag, die Blätter werden grau und fallen ab. <u>Abhilfe:</u> Befallene Triebe bis ins gesunde Holz zurückschneiden und vernichten. Mit Rainfarn-Auszug spritzen (→ Seite 53).

Rost
<u>Schadbild:</u> Gelbe oder rote, später schwarze Pusteln auf Rinde, rostrote Flecken auf Blättern. <u>Abhilfe:</u> Befallene Triebe bis ins gesunde Holz zurückschneiden und vernichten. Mit Rainfarn-Auszug (→ Seite 53) spritzen.

Feuerbrand
<u>Schadbild:</u> Die Blüten verfärben sich schwarz. Die Triebe sind hakenförmig verkrümmt und vertrocket. Auf Rinde gelblicher Bakterien-Schleim. <u>Abhilfe:</u> Pflanze verbrennen, Meldepflicht (Pflanzenschutzamt)!

1x1 der Gehölzpflege

Ziergehölze richtig gießen, düngen und durch den Winter bringen ist gar nicht so schwer. Wenn Sie die folgenden Ratschläge beachten, werden Sie an Ihren Pflanzen viele Jahre Freude haben.

Gießen

Frisch gepflanzte Gehölze besonders gut wässern, denn sie sollen möglichst rasch Faserwurzeln bilden. Auch im ersten Jahr in den Sommermonaten immer regelmäßig gießen. Weiter ist wichtig:

• Mit einem sanftrinnenden Strahl das Wasser langsam einsickern lassen. Ein scharfer Wasserstrahl aus dem Gartenschlauch, der die Erde sowie das Wurzelwerk freispült, schadet dem Gehölz.

• Immergrüne Gehölze müssen grundsätzlich auch im Winter – aber nur, wenn der Boden nicht gefroren ist – gegossen werden, da sie das ganze Jahr über Wasser verdunsten.

• Alte, gut eingewurzelte Sträucher und Bäume benötigen lediglich nach längeren Trockenperioden eine kräftige Wassergabe.

• Sehr dichtes Laubwerk läßt selbst bei starkem Regen oft kein Wasser in den Wurzelbereich gelangen. Hier muß durchdringend gegossen werden.

• Der geeignete Zeitpunkt für das Wässern im Sommer sind die Morgen- oder Abendstunden. In der Mittagshitze verdunsten zu große Mengen, und es kann auf dem Laub zu Verbrennungen kommen.

• Weiches, abgestandenes Regenwasser ist wesentlich besser geeignet als hartes, kalkhaltiges Gießwasser.

Mein Tip: Vor dem Wässern von Rhododendren einen kleinen, mit Torf gefüllten Stoffsack für einige Stunden in die gefüllte Gießkanne hängen. So wird das Wasser weicher.

Düngen

Die meisten Gehölze sind bei einem nährstoffreichen, normalen Gartenboden im Bezug auf Dünger recht genügsam. Mulchen und zusätzliche Kompostgaben reichen normalerweise aus. Kurz nach der Pflanzung sollte grundsätzlich nicht mit Mineraldüngern gearbeitet werden, da sie zu Schäden an den Wurzeln führen können. Auch frischer Stalldung schadet.

Wüchsige Kletterpflanzen oder stark austreibende Schnitthecken, Rhododendren und Nadelgehölze brauchen aber Dünger-Gaben.

• Organische Dünger wie Hornmehl, Knochenmehl und Guano sollten im Herbst verabreicht werden, da sie lange Zeit brauchen, um für die Pfanze verfügbar zu werden.

• Organisch-mineralische Dünger sind dagegen im Frühjahr zu geben.

• Spezialdünger wie Bittersalz oder Kalimagnesia helfen gegen den Mangel am Spurenelement Magnesium. Er tritt häufig bei Nadelgehözen auf, die gelbe Nadeln aubilden. Vorbeugend hilft Kieserit.

• Nach der Düngung immer gut wässern, das erleichtert die Nährstoffaufnahme.

• Niemals eine höhere Konzentration als empfohlen verwenden, da dies zur Überdüngung führt und die Pflanze schädigen kann.

<u>Düngerform.</u> Im Handel gibt es Dünger als Pulver, Granulat oder flüssig. Am schnellsten wirken die Flüssigdünger, sie werden auch eingesetzt, wenn ein Gehölz unter akutem Nährstoff-Mangel leidet.

<u>Frosthärte.</u> Die letzte Düngung im Sommer nicht später als Ende Juli durchführen. Besonders Stickstoff läßt sonst die Gehölze noch einmal stark durchtreiben, und diese Triebe sind anfälliger gegen saugende Insekten, Pilze und Frost. In Gebieten mit harten Wintern empfiehlt sich eine Kalidüngung im September, die die Frostresistenz fördert.

1x1 der Gehölzpflege

Prächtig gedeihend dank Düngung und Winterschutz: Rosen und Clematis.

Winterschutz

Die meisten heimischen Bäume und Sträucher sind bei uns winterhart. Sollte dennoch in extremen Wintern ein Gehölz einen Frostschaden abbekommen, schneiden Sie im Frühjahr die Pflanze bis ins gesunde Holz zurück.

• Rosen sind oft frostempfindlich. Beetrosen werden angehäufelt, um die Veredlungsstelle zu schützen, und zusätzlich noch mit Fichtenreisig abgedeckt. Rosenhochstämmchen müssen im Jugendalter, wenn sie noch biegsam sind, mit der zurückgeschnittenen Krone heruntergebogen und dort mit Reisig abgedeckt werden. Ältere Exemplare schützen Sie durch um die Krone festgebundenes Reisig.

• Rhododendren sind in rauhen Lagen empfindlich. Ein einfaches Holzgerüst mit Reisigabdeckung bietet guten Schutz.
• Von weit ausladenden Nadelgehölzen sollten dicke, feuchtschwere Schneedecken unbedingt abgeklopft werden, sonst gibt es Astbrüche.

Pflanzen- und Sachregister

Die halbfett gesetzten Seitenzahlen verweisen auf Farbfotos und Zeichnungen. Auf den mit * gekennzeichneten Seiten finden Sie Beschreibung und Pflegehinweise zur jeweiligen Pflanze.
U = Umschlagseite

*A*bies
– *balsamea* 'Nana' 36
– *koreana* 19*, 26*
Acer
– *japonicum* 26*
– *japonicum* 'Aureum' 14*, 16
– *negundo* 'Flamingo' **38**, 39
– *negundo* 'Variegatum' 26*
– *palmatum* 16, 26*, 35
– *palmatum* 'Atropurpureum' 14*
– *palmatum* 'Dissectum' 14*
Ahorn 14*, 16, 25*, 26*, 35, 38, 39
Akazie 26*
Amelanchier laevis 10, 14*, **16**, 17, 35
Aralia elata 14*
Aristolochia macrophylla 14*
Aschweide 35

Balsamtanne 36
Bartblume 10, 12, 14*, 46, 51
Berberis
-Arten 10, **16**, 36
– *julianae* 30, 31, 49
– *thunbergii* 30
– *thunbergii* 'Atropurpurea Nana' 14*

Berberitze 10, 14*, **16**, 30, 31, 36, 43, 49
Berg
-Ilex 30
-kiefer 19*
-lorbeer 12, 19*, 43
Betula
– *nana* 35
– *pendula* 'Youngii' 26*
Birke 26*, 35
Blattlaus 54, **54**
Bluthasel 15*
Blutjohannisbeere 18*
Blutpflaume 18*
Boden
-decker 6, 7, **8**, 14, 15, 18, 19, 38, 39
-zusammensetzung 7, 10, 44
Bogenflieder 18*
Brautspiere 18*, 31
Buchs 10, 19*, 30, 32, **33**, 35, 36, 37, 49, **U4**
Buddleja
– *alternifolia* 10, **12**, 35
– *Davidii*-Hybriden 13, 14*
Buschklee **12**, 18*
Buxus sempervirens
– 'Marginata' 19*
– 'Rotundifolia' 30
– 'Suffruticosa' 32, **33**
– var. *sempervirens* 10, 19*, 35, 36, **37**, 49, **U4**

*C*allicarpa bodinieri 'Profusion' 14*
Calluna vulgaris 35
Calycanthus floridus 14*
Caragana arborescens 10
Carpinus betulus 30, 49
Caryopteris x *clandonensis* 10, 12, 14*, 46, 51
Ceanothus-Hybride 14*, 51
– 'Gloire de Versailles' **41**
Cedrus deodara 'Golden Horizon' 19*
Cercis siliquastrum 14*
Chamaecyparis
-Arten 10, 19*, 49
– *lawsoniana* 26*
– *lawsoniana* 'Almunii' 30
– *pisifera* 19*
Chimonanthus praecox 14*
Chionanthus virginicus 14*
Choenomeles
-Hybriden 10
– *japonica* 14*
Clematis
– *alpina* 34
-Arten 8, **13**, 14*, 36
-Hybriden **3**, 14*, **21**, 36
Cornus
– *alba* 'Elegantissima' 14*
-Arten 10, 14, 16, **17**, 27, **27**
– *canadensis* 14*

– *florida* 14*, 31, **U4**
– *kousa* 14*
– *mas* 10, 14*
– *sanguinea* 30
Corylopsis pauciflora 14*
Corylus
– *avellana* **8**, 35, 51
– *avellana* 'Contorta' 15*
– *maxima* 'Purpurea' 15*
Cotinus coggygria 'Royal Purple' 15*
Cotoneaster
-Arten 8
– *dammeri* 16, 19*
– *praecox* 30
Crataegus
-Arten 36
– *laevigata* 'Paul's Scarlet' 15*
Cytisus
– x *praecox* 15*
– *scoparius* 35

Daboecia cantabrica 35
Deutzia
– *gracilis* 15*, 43
– x *hybrida* 'Mont Rose' 31
Dickmaulrüssler 54, **54**
Düngen 56

Eberesche **16**, 17, 26*
Efeu 8, 19*, 34, **34**, 36
Eibe 10, 19*, 26*, 30, 31, 32, 36, 37, **37**, 49
Eibisch 15*
Eiche 26*
Einfassungen 6, 32, **33**
Einkauf 42
Elfenbeinginster 15*

Elsholtzia stauntonii 15*
Erbsenstrauch 10
Erica carnea 15*, 35
Eschenahorn 26*, **38**, 39
Euonymus
– *europaea* 31
– *fortunei* 19*, 36
– *planipes* 15*, **17**
Exochorda racemosa 15*

Fadenscheinzypresse 19*
Falliopa aubertii 36
Federbuschstrauch 15*, 35
Felsenbirne 10, 14*, **16**, 17, 35, 43
Felsenmispel 30
Feuerbrand 55, **55**
Feuerdorn 30
Fichte 19*, 26*, 36, 37
Fingerstrauch 36
Flieder **7**, 10, 18*, 31
Formaler Garten 7, 32, **33**, **48**
Forsythia x *intermedia* 15*, 30
Fothergilla
– *gardenii* 15*
– *major* 35
Fruchtskimmie 19*

Gamander 32
Gartenplanung 22, 24, **25**
Gaultheria procubens 15*
Gehölze
–, immergrüne 6, 10, 19, 25, 28, 32, **33**, 35, 56

–, Laub- 6, 10, 14, 15, 18, 22, 26, 27, 28, 30
–, Nadel- 6, 9, 19, 24, 26, 27, 30, 36
Gehölzgruppen 6, 24, **25**, 26, 27, **27**, 35, 36
Geißblatt 8, **13**, 18*, 34, 36
Genista tinctoria 35
Gestaltungsgrundsätze 24, **24**, 25, **25**
Gewürzstrauch 14*
Gießen 56
Ginster 15*, 35
Glyzine 8, **11**
Goldahorn 14*, 16
Goldregen 10
Grauschimmel 55, **55**

Hänge-Birke 26*
Hainbuche 30, 49
Halbsträucher 8, 15
Hamamelis
-Arten 28
– *japonica* 15*
– *mollis* 13, 15*
Hartriegel 10, 14*, 16, 27, **27**, 30, 43
–, Blumen- 14*, **17**, 31, **31**, **U4**
–, Teppich- 14*
Hasel **9**, 35, 51
–, Blut- 15*
–, Korkenzieher- 14*
–, Schein- 14*
Hausbaum 24, 26, 36
Hecke 6, 10, 25, 28, 30
–, freiwachsende 30, 36, **U4**
–, geschnittene 7, 28, 30, 32, **33**, 36, 49, 56
Hecken
-berberitze 30

-kirsche 30, 31
-myrte 30
-zypresse 30
Hedera helix 8, 19*, 34, **34**, 36
Heidekräuter 35
Heiligenkraut 32
Hemlocktanne 19*, 37
Hibiscus syriacus 15*
Hippophae rhamnoides 9, 35
Holunder 10, 31, 35, **40**, 43
Hortensie **2**, 8, 10, **13**, 15*, 35, 36, **37**, **40**, **U4**,
Hydrangea
– *anomala* ssp. *petiolaris* 8, 15*, 36
– *arborescens* 15*
-Arten 10, **13**, 15*, 46
aspera ssp. *sargentiana* 15*
-Hybriden **2**, 10, 15*, 36, **37**, **U4**
– *paniculata* 15*, 35
Hypericum
– *claycinum* 7, 51
– x *moserianum* 15*

***I**lex*
– *aquifolium* **9**, 19*, 31, 32
– *crenata* 'Convexa' 30
Immergrün 7, 8, 19*, 43
Innenhöfe 6, 36

***J**asminum nudiflorum* **12**, 15*, 36
Jelängerjelieber 34
Johanniskraut 7, 15*, 51
Judasbaum 14*

Jungfernrebe 8, 36
Juniperus
-Arten 10
– *chinensis* 26*
– *communis* 19*, 35
– *horizontalis* 'Glauca' 37

Kätzchenweide 35
Kalmia
– *angustifolia* **12**
– *latifolia* 19*
Kamm-Minze 15*
Kerria japonica 12
Kiefer 19*, 26*, 37
Klettergehölze 6, **8**, 14, 15, 18, 19, 28, 30, 34, 36, 37, 56
Knöterich 36
Kolkwitzia amabilis 18*, 31
Kolkwitzie 18*, 31, **31**
Koreatanne 19*, 26*
Korkenzieherhasel 15*
Kornelkirsche 10, 14*
Krankheiten 53, 55, **55**
Kriechmispel 16, 19*
Kriechspindel 19*, 36
Kübelgehölze 6, 28, 36

Laburnum-Arten 10
Lärche 6
Lärmschutz 6, 24, **25**, 30, 36
Larix-Arten 6
Latsche 35
Laube 24, 32
Lavandula angustifolia 'Hidecote' 32
Lavendel 32
Lebensbaum 10, 19*, 26*, 30, 37
Lespedeza thunbergii **12**, 18*

Liguster 10, 32, 35, 36, 49
Ligustrum
– *ovalifolium* 32
– *vulgare* 10, 35, 36, 49
Lonicera
-Arten 8, **13**, 18*, 36
– *caprifolium* 34
– *nitida* 'Elegant' 30
– *periclymenum* 34, **34**
– *xylosteum* 31
Lorbeerkirsche 35
Lychnis chalcedonica 39

Magnolia 43
– x *soulangiana* 18*
– *stellata* **12**, 13, 18*
Mahonia
– *aquifolium* **3**, **17**, 19*, 30
– *bealei* 19*
Mahonie **3**, **17**, 19*, 30
Maiblumenstrauch 15*
Malus
-Arten **16**, 17
– *floribunda* 18*
Mandelbäumchen 18*
Mehltau 55, **55**
Mindestgrenzabstand 10, 30
Mülltonne 25, 36
Mulch 7, 45

Naturgarten 34
Nestfichte 37
Nützlinge 52, 54, 55
Nutzgarten 22, 25, **25**, 30

Paeonia suffruticosa 18*
Parthenocissus tricu-spidata 8, 36

Perovskia atriplicifolia 18*
Perückenstrauch 15*, 43
Pfaffenhütchen 15*, 30
Pfeifenwinde 14*
Pflanzenschutz 52, 53, 54, 55
Pflanzung 46, 47
pH-Wert 44
Picea
– *abies* 'Nidiformis' 37
– *breweriana* 19*
– *glauca* 'Conica' 26*
Pieris japonica 16, 19*
Pinus
– *mugo* 19*, 35
– *mugo* 'Mops' 37
– *parviflora* 26*
– *pumilo* 37
Potentilla fruticosa 36
Prunus
– *cerasifera* 'Nigra' 18*
– *laurocerasus* 35
– *laurocerasus* 'Herber-gii' 30
– *laurocerasus* 'Reyn-vaanii' 32
– *serrulata* **U1**, **U2**, 26*
– *spinosa* 31, 36
– *tenella* 36
– *triloba* 18*
Pyracantha coccinea 'Red Column' 30

Quercus ilicifolia 26*

Ranunkelstrauch 12
Recht 10
Rhododendron **4**, 10, 19*, 27, **31**, 43, **45**, 56, 57

Rhododendron-Hybri-den **4**, 19*, 27, **45**, 56, 57
Ribes sanguineum 18*
Robinia pseudoacacia 'Umbraculifera' 26*
Rosa
-Arten 8, 13, **16**, 17, 18*, **34**, 36, **38**, 39, 49, 57
– *majalis* **9**
– *rubiginosa* 30
– *rugosa* 30, 35
Rosen 13, 18*, 35, 49, 57
–, Bourbon- **5**
-Deutzie 31
–, Zimt- **9**
Rost 55, **55**

Säckelblume 14*, **41**, 51
Salbei 8
Salix
– *caprea* 'Pendula' 35
– *cinerea* 35
– *hastata* 'Wehrhahnii' 36
Salvia officinalis 8
Sambucus
– *nigra* 10, 31
– *racemosa* 35
Sanddorn **9**, 35, 43
Santolina chamaecypa-rissus 32
Schädlinge 53, 54, **54**
Schattenglöckchen 16, 19*
Scheinbeere 15*
Scheinhasel 14*
Scheinzypresse 10, 19*, 26*, 49
Schildlaus 54, **54**
Schlehe 31, 36

Schmetterlingsstrauch 10, **12**, 13, 14*, 35, 46
Schneeball 18* 31, 35, 43
Schneeflockenstrauch 14*
Schneeheide 14*
Schnitt 6, 7, 14, 15, 18, 19, 30, 32, 35, 48, 49, **50**, **51**
Schönfrucht 14*
Sichtschutz 6, 24, 25, **25**, 28, **28**, 30
Silberstrauch 18*
Sitzplatz 13, **20**, 24, **24**, **25**, 28, **29**, 37
Skimmia japonica 19*
Solitärgehölze **U4**, 6, 7, 14, 15, 18, 19, **24**, 26, 35, **38**, 39
Sommerblumen 38, 39
Sommertamariske 18*
Sorbus
– *aucuparia* **16**, 17
– *aucuparia* 'Fastigiata' 26*
– *vilmorinii* 26*
Spindelstrauch **17**
Spinnmilbe 54, **54**
Spiraea
– *albiflora* 51
– x *arguta* 18*, 31
-Arten 36
– *japonica* **38**, 39
– x *vanhouttei* 12
Stauden **23**, 24, **24**, **25**, 26, 28, 32, **33**, 38, 39
Stechpalme **9**, 19*, 31, 32
Sternmagnolie **12**, 18*
Strauchpfingstrose 18*
Syringa
– x *persica* 18*
– *reflexa* 18*

Paradiesisch leben.
Mit GU.

Ob kleines Usambaraveilchen, riesige Palme oder edler Rosenstrauch – so richtig grünt und blüht es im Zimmer, auf dem Balkon und im Garten nur dann, wenn Sie auch die Ansprüche Ihrer Pflanzen kennen.

Das nötige Wissen über Kauf, Pflanzung und Pflege vermitteln die

- GU Ratgeber Zimmerpflanzen
- GU Ratgeber Balkon und Terrasse
- GU Ratgeber Garten.

3-7742-2166-9

3-7742-2668-7

3-7742-2656-3

3-7742-2321-1

3-7742-2643-1

Mehr draus machen
Mit Gräfe und Unzer

-*Vulgaris*-Hybriden **7**, 10, 18*, 31

*T*amarix ramosissima 18*
Taxus
-Arten 10
– *baccata* 19*, 30, 32, 49
– *baccata* 'Fastigiata' 26*
– *baccata* 'Fastigiata Robusta' 36, **37**
– *baccata* 'Repandens' 37
– x *media* 'Hicksii' 31
Teichrand 24, **24**, 28, 35
Terrasse 6, 24, **25**, 28, 30
Teuricum chamaedrys 32
Thuja-Arten 10
Thuja occidentalis
– 'Danica' 37
– 'Ellwangeriana' 32
– 'Holmstrup' 30
– 'Smaragd' 19*, 26*
Tsuga canadensis 37
– 'Nana Gracilis' 19*
Tulpenmagnolie 18*

*U*nkrautwuchs 6, 7, 8
Unterpflanzung 6, 38, 39

*V*ermehrung 42
Viburnum
– x *burkwoodii* 18*
– x *carlcephalum* 31
– *carlesii* 18*
– *farreri* 18*
– *opulus* 35
– *opulus* 'Compactum' 18*

Vinca minor 7, 8, 19*
Vorgarten 36, **37**, **43**

*W*acholder 10, 19*, 26*, 35, 37
Waldrebe **3**, 8, **13**, 14*, 34, 36
Weigela
– *florida* 'Purpurea' 18*, 36
-Hybriden 10, 18*, 31, 51
Weigelie 10, 18*, 31, 36, 51
Windschutz 6, 10, 14, 28, 30, 36
Winterblüte 14*
Winterjasmin **12**, 15*, 36
Winterschutz 6, 9, 10, 14, 15, 57
Wisteria
-Arten 8, **11**
– *sinensis* 36

*Z*äune 11, 30
Zaubernuß 13, 15*, 28
Zeder 19*
Zierapfel **16**, 17, 18*
Zierkirsche **U1**, **U2**, 26*
Zierquitte 10, 14*
Zuckerhutfichte 26*
Zwerg
-birke 35
-hemlocktanne 19*
-Himalajazeder 19*
-mandel 36
-mispel 8
-rosen 36
-weide 36
Zwiebelblumen **U1**, **U2**, 38, 39

Literatur, die weiterhilft

(falls nicht im Buchhandel, dann in Bibliotheken erhältlich)

Greiner K. und Weber A.: *Lauschige Plätze im Garten.* Gräfe und Unzer, München
Hörsch, W.: *Clematis, so blühen sie am schönsten.* Gräfe und Unzer, München
Scheu-Helgert, M.: *Kleine Gärten planen und gestalten.* Gräfe und Unzer, München
Scholz, A.: *Steingarten anlegen und bepflanzen.* Gräfe und Unzer München
Scholz, A.: *Zwerggehölze für Balkon und Terrasse.* Gräfe und Unzer, München
Simon H., Becker J. und Nickig M.: *Gartenvergnügen wie noch nie.* Gräfe und Unzer, München
Stadelmann, P.: *Gartenteich.* Gräfe und Unzer, München
Waechter, T.: *Staudenbeete ideenreich gestalten.* Gräfe und Unzer, München
Weber A. und Greiner K.: *Hecken pflanzen und pflegen.* Gräfe und Unzer, München
Weber A. und Greiner K.: *Begrünen mit Kletter- und Hängepflanzen.* Gräfe und Unzer, München
Wilke, H.: *Naturteich anlegen und bepflanzen.* Gräfe und Unzer, München
Worm, G.: *Rosen erfolgreich pflegen.* Gräfe und Unzer, München

Zeitschriften

FLORA.
Gruner + Jahr AG & Co.,
Postfach 11 00 11
20444 Hamburg
Kraut und Rüben.
BLV Verlagsgesellschaft mbH,
Lothstraße 29
80797 München
mein schöner Garten
Burda Verlag GmbH,
Postfach 77602
77562 Offenburg

Adressen

Rat und Hilfe erhalten Sie bei:
Bund deutscher Baumschulen e.V.,
Bismarckstr.49,
25421 Pinneberg
Deutsche Dendrologische Gesellschaft,
Andreas Bärtels,
Hunstollenstr. 32,
37136 Waake

Die Fotos auf dem Umschlag

Umschlagvorderseite: Zierkirsche im Frühlingskleid. Kleines Foto: Bäumchen anbinden. Umschlagseite 2: Zierkirsche und Frühlingsblumen. Umschlagrückseite, oben links: Hortensien-Hecke. Oben rechts: Blumenhartriegel. Unten links: Abwechslungsreiche Gehölzgruppe.

Warnung und Hinweis

In diesem Buch geht es um die Pflanzung und Pflege von Ziergehölzen sowie um deren Vermehrung. Einige der beschriebenen Pflanzen sind mehr oder weniger giftig. Tödlich giftige Pflanzen, aber auch minder giftige, die bei geschwächten Erwachsenen oder Kindern erhebliche gesundheitliche Störungen hervorrufen können, sind in den Tabellen auf den Seiten 14/15 und 18/19 mit einem Totenkopf ☠ gekennzeichnet. Achten Sie unbedingt darauf, daß Kinder und Haustiere die als gefährlich bezeichneten Pflanzen oder -teile nicht essen. Tragen Sie beim Umgang mit und Schneiden von bedornten Gehölzen Handschuhe, damit Sie sich nicht verletzen. Bewahren Sie Ihre Gartenwerkzeuge so auf, daß sich niemand daran verletzen kann. Kommt es beim Umgang mit Erde zu offenen Verletzungen, suchen Sie umgehend den Arzt auf, und lassen Sie sich fachkundig beraten. Besprechen Sie mit ihm, ob eine Impfung gegen Tetanus (Wundstarrkrampf) erforderlich ist.
Alle Dünge- und Pflanzenschutzmittel, auch die biologischen, müssen so aufbewahrt werden, daß sie für Kinder und Haustiere unerreichbar sind. Der Verzehr dieser Mittel kann zu gesundheitlichen Schäden führen. Außerdem dürfen diese Produkte nicht in die Augen gelangen.

©1997 Gräfe und Unzer Verlag GmbH, München
Alle Rechte vorbehalten. Nachdruck, auch auszugsweise, sowie Verbreitung durch Film, Funk und Fernsehen, durch fotomechanische Wiedergabe, Tonträger und Datenverarbeitungssysteme jeder Art nur mit schriftlicher Genehmigung des Verlages.

Redaktion: Peter Völk
Lektorat:
Jolanda Englbrecht
Layout und Umschlaggestaltung:
Heinz Kraxenberger
Herstellung und Satz:
Michael Bauer
Repro: Artilitho, Trient
Druck und Bindung:
Kaufmann, Lahr

ISBN 3-7742-2652-0

Auflage 4. 3. 2. 1.
Jahr 2000 99 98 97

Die Fotografen:

Becker: Seite U2, 2, 4/5, 5 re., 7, 21 re., 23, 34 u., 38, 43, 48, 57;
Borstell: Seite 16 re.u., 20/21, 29 u., 33 o., 34 o., 37, 64/U3, U4 o.l., o.re.;
Morell: Seite U4 u.;
Nickig: Seite 3 li., 16 re.mi., 27, 29 o.li., o.re., mi.re., 33 u., 45;
Redeleit: Seite U1 (kleines Foto);
Reinhard: Seite U1 (großes Foto), 3 re., 11, 12 li.o., li.u., re.mi., re.u., 13 o., Ii.u., 16 Ii.u., 17 o., Ii.u., re.u., 29 mi.li., 40/41;
Reinhard, Nils: Seite 16 re.o.;
Schneiders, U.: Seite 29 mi.mi.;
Stehling: Seite 12 re.o.;
Strauß: Seite 16 li.o., 31, 41 re.;
Willer, W.: Seite 13 re.u.

Herbstliche Pracht im Vorgarten

Der Phantasie sind fast keine Grenzen gesetzt, wenn es um die Kombination von Ziergehölzen geht. Hier können Sie mit Farben und Formen spielen. Wenn am Ende des Sommers fast nichts mehr blüht, kommt die große Zeit der bunten Blätter und leuchtenden Früchte. Immergrüne bilden den ruhenden Pol und liefern einen dunklen Hintergrund, vor dem die anderen Farben zu glühen beginnen. Schmückendes Beiwerk wie die Steinkugel (→ Foto rechts) steigern den Reiz der Bepflanzung.

In Komplementärfarben leuchtet diese gut durchdachte Bepflanzung im Herbst. Die dunklen Immergrünen Efeu, Buchs, Eibe und Skimmie bringen die Herbstfärbung des Wilden Weins erst richtig zur Geltung.